JOCHEN BIRR

Das Kosmos-Buch der
Wellensittiche

KOSMOS

Vom Anfang einer Partnerschaft

Die bunten Vögel kommen ins Haus

Auf jedes Körnchen kommt es an

Gründlicher Hausputz bei den Wellis

Was ein Wellensittich alles kann

So wird ein Pärchen zur Familie

Wie grüne Wellensittiche bunte Vögel wurden

So bleiben Wellensittiche gesund

Vom Anfang einer
Partnerschaft

„Der Wellenpapagei gereicht jedem Zimmer zur Ehre und erwirbt sich bald auch das sprödeste Herz."

Alfred Edmund Brehm, 1866

▶ Einst waren sie teure Vögel

Als der Forscher und Tierfreund Alfred Brehm (1818–1884) sein hübsches Loblied auf die kleinen Exoten drucken ließ, war es gerade elf Jahre her, dass Wellensittiche zum ersten Mal in Deutschland gebrütet hatten (in Belgien und Holland schon um 1845). Gelungen war das im Käfig einer Berliner Fabrikantengattin, die – nach heutigem Geld – etwas mehr als 2000 Mark zur Zier des Gartenzimmers für die Vögelchen ausgegeben hatte.

GLÜCKLICHER ZUFALL ▶ Diese Zucht war nicht geplant: Im Käfig hing eine angebohrte und ausgehöhlte Kokosnuss, wie sie damals vor allem europäischen Finken zur Brut angeboten wurde. Jetzt nutzten die australischen Sittiche die Nisthilfe für heimische Gimpel.
Diese Entdeckung kam zur rechten Zeit: Wellensittiche als Modetiere wurden inzwischen zu Hunderttausenden aus Australien entführt.

Wellensittiche in ihrer Lieblingsumwelt: mit Gefährten auf einem langen Ast klettern, knabbern, plappern.

Nun ließen sich die Höhlenbrüter auch in Europa fortpflanzen, und schon bald stellten sich die Züchter auf als Kinderstube besser geeignete Holzkistchen zur Nisthilfe um. Dennoch ging der Wildfang auf dem Fünften Kontinent noch lange weiter. Endgültig gestoppt wurde er erst 1894: Die australische Regierung verhängte ein Exportverbot für Wellensittiche.

▶ **Anfangs nur eine Mumie**

Entdeckt worden waren die „australischen Spatzen" schon um 1770 auf einer der Expeditionen des Kapitäns James Cook. Kurz nach 1800 zeugte davon noch ein einziger ausgestopfter Balg im Britischen Museum. Ein Wissenschaftler, Reisegefährte Cooks, hatte das Tier erlegt. Erst 1840 kamen die ersten lebenden Wellis nach Europa: Der berühmte Tiermaler und Forscher John Gould (1804–1881), Entdecker und Namensgeber vieler australischer Vögel, brachte sie von einer seiner Reisen mit – damals eine Sensation, die schnell einen Run auf die Tierchen auslöste. Vor allem in Südfrankreich wurden die netten Grünen wenige Jahrzehnte später zu Tausenden in riesigen Freivolieren gezüchtet.

ES WIRD BUNT ▶ Wellensittiche wurden zu einem guten Geschäft, vor allem seit die Vögel farblich zu variieren begannen. Ein blauer Wellensittich zum Beispiel kostete in Berlin noch nach dem Ersten Weltkrieg über tausend Mark. Erstmals war 1878 in Holland so ein Kuriosum geschlüpft. Bereits sechs Jahre zuvor war eine gelbe Mutation in Belgien aufgetaucht. Heute bevölkern diese häufigsten Papageien der Erde in fast 800 Farb- und Musterschlägen Volieren und Käfige in aller Welt.

▶ **Heute wieder faszinierend**

Das Erstaunliche: Trotz ihrer Beliebtheit und Verbreitung sind Wellensittiche noch immer Tiere mit vielen Geheimnissen, die sie nur ganz allmählich preisgeben. Noch immer nicht ganz geklärt zum Beispiel ist ihre Stellung innerhalb der zoologischen Ordnung der Papageien. Und auch viele Verhaltensweisen in Freiheit oder in der Voliere geben Rätsel auf. Für deren Beobachtung will dieses Buch genauso Interesse wecken wie für die artgerechte Haltung und Pflege dieser Vögel als soziale Hausgenossen.

Zierkäfig für „Stubenvögel" um die Jahrhundertwende: hübsch, aber tierfeindlich.

Schweres Leben in einer heißen Heimat

▸ **Wüste ohne Wetterregeln**

Glühendes Herz eines Kontinents: Sogar rund um den legendären Ayers Rock, den heiligen Felsen Uluru der Aborigines, kann Wellensittich-Heimat sein – heißes Land mitten zwischen zwei Klimazonen, dem tropischen

Norden mit seinen Monsunen und dem Süden Australiens, dem der Westwindgürtel der Erde milde Winter und heiße Sommer beschert. Hierher ins ausgedörrte Zentrum aber muss sich ein Regen schon verirren – und manchmal tut er das jahrelang nicht. Wer da durchhalten will, hat sich anzupassen. Opportunismus ist unter diesem Himmel eine Tugend – und für Mensch und Tier die einzige Überlebensgarantie.

▸ **Leben nach Angebot**

Kahles, rotes Land, manchmal graugrün von Spinifex und Stachelschweingras. An den wenigen Wassern stehen hohe, alte Eukalyptusbäume, daneben Mulgas, die niedrigen Akaziensträucher mit ihren kleinen Blättern.

Doch wenn es jetzt regnet, machen Wüste und Steppe rasend schnell ihr Angebot: Überall keimt es, bald grünt oder blüht es sogar noch zuvor – und schon formen sich Rispen, Ähren und Samenkapseln. Für Wellensittiche wird der Glutofen zum Schlaraffenland. Jetzt müssen sie zugreifen: Futter wächst, Wasser staut sich, und nun ist die Zeit für Nachwuchs gekommen.

„Hypersexualisiert" hat vor 30 Jahren ein Wissenschaftler diese Nomaden, die Strichvögel zwischen Wüste, Steppe und den kahlen Felsgebirgen, genannt, weil sie sich spontan zur Sittichhochzeit entschließen. Friedlich und ganz leise miteinander plappernd sitzen sie nun im Gebüsch über dem Boden und im Geäst der Bäume am Wasser.

Von überall zur kurzen Blüte herbeigeeilt, zeigen sie, dass sie tatsächlich nur – sogar wissenschaftlich so definiert – „Opportunisten" sind. Tiere, die einfach sich bietende Chancen nutzen.

Dazu gehört auch das Bedürfnis nach Sicherheit, die sie vor allem durch ihre große Zahl finden: Hunderte Augen sehen mehr als zwei, Tausende von Tieren im Schwarm verwirren beim Anflug Beutegreifer in der Luft, und Dutzende Paare am Nistplatz können wirksamer hungrige Schlangen und Echsen vertreiben.

▶ Heimat in der Nische

Bis auf die Küstenregionen bewohnen Wellensittiche fast das ganze Land. Die Hauptbrutgebiete liegen im südlichen Westaustralien und in Neusüdwales im Südosten. Als Nomaden im lebensfeindlichen Inneren des Kontinents aber haben sie eine von nur wenig Konkurrenz besiedelte Nische gefunden. Die nutzen sie mit überwältigendem Erfolg – als zahlenmäßig größte Papageienart Australiens.

Die bunten Vögel kommen ins Haus

„Ich glaube, als es mir 1840 gelang, einige dieser Vögel in der Heimat abzuliefern, war ich einer der ersten, der lebende Exemplare in England einführte."

John Gould, 1853

▸ Daheim ein Leckerbissen, in der Fremde ein Freund

Namen von Tierarten verraten viel über ihr Wesen und über menschliche Kulturgeschichte. Wellensittiche erhielten zunächst 1794 – und amtlich dann 1805 – eine erste wissenschaftliche Bezeichnung: *Psittacus undulatus* nannte George Shaw, zoologischer Leiter des Britischen Museums, damals das vertrocknete Federbündel, das er in einer seiner Vitrinen ausstellte. Der „gewellte Papagei" – nur ihre Farbmuster charakterisierten die Mumie.

Erst als John Gould im Käfig die ersten lebenden Vögel nach Europa brachte, wurde der Name geändert: Auf *Melopsittacus undulatus* wurde 1840 der kleine Vogel getauft, der „melodische Wellenpapagei". Das plaudernde Gezwitscher der Tiere und Goulds Entdeckung ihrer Sonderstellung innerhalb der Papageiensippe bewirkten die Änderung.

Der englische Volksmund freilich sprach nicht Latein, und der offizielle britische Name *Undulated Grass Parroquet*, der Gewellte Graspapagei, war ihm doch zu umständlich.

Ring am Bein: Er ist Pflicht und der „Personalausweis" für jeden Wellensittich.

▸ Ring am Bein

Ein Muss für alle Papageien – auch für Wellensittiche: Die Vögel müssen an einem Bein einen Metallring tragen, auf dem z. B. ein Vereinskennzeichen, Züchternummer, Jahrgang und eine individuelle Nummer des jeweiligen Tiers eingraviert sind. Diese Informationen sollen bei ansteckenden Krankheiten, insbesondere bei der auch für Menschen gefährlichen Psittakose, der Papageienkrankheit, schnell greifende Seuchenkontrolle ermöglichen. Professionelle Züchter benutzen dabei geschlossene Ringe (ø 4,2 – 4,4 mm), die den Nestlingen zwischen dem 6. und 8. Lebenstag übergestreift werden. Züchter „aus Versehen" können bei älteren Tieren später auch offene Ringe verwenden.

Freiflug ist Pflicht. Für die bewegungs-frohen Tiere bietet ein Käfig auf die Dauer zu wenig Platz.

EIN PRAKTISCHER NAME ▶ Da kam eine Benennung aus dem Eora-Dialekt der australischen Ureinwohner gerade richtig: *bedgerigah* nannten die Aborigenes aus sattsam gutem Grund die massenhaft umherstreichenden Vögel.

Dabei bedeutet *bedgeri* „gut zu essen", und *gah* ist eine häufig in Vogelnamen benutzte Bezeichnung. Mit dem in einen auffliegenden Schwarm geschleuderten Bumerang erlegten (und erlegen immer noch) die auf Eiweißnahrung angewiesenen Eingeborenen ihre Beute – bis zu zwei Dutzend pro Wurf.

In leicht verballhornter Fassung wurde aus dem Eora-Wort das englische *budgerigar*, inzwischen häufiger in der Koseform *budge* (oder *budgie*) verwendet. Im anglophilen Hamburg entstand daraus später ein Name und eine Bezeichnung für Wellensittiche: Butsche oder Butje heißen die gefiederten Freunde an der Alster.

▶ Vom Wildtier zum Schau- und Standard-Vogel

Nur fünf Menschengenerationen sind vergangen, seit die ersten Wellensittiche aus Australien verschifft wurden. In der gleichen Zeit ist in Menschenhand außerhalb dieses Kontinents die Ahnenreihe der einstigen Wildtiere ungleich länger geworden: Auf mindestens 200, möglicherweise aber sogar 450 Generationen könnte heute jedes Zuchttier zurückblicken. Wellensittiche sind frühreif: Schon im Alter von drei Monaten sind Hähne zeugungsfähig.

DIE VERWANDLUNG ▶ Fließbandzucht folgte und blieb besonders in den ersten Jahrzehnten nicht ohne Folgen. Das einstige Wildtier wurde domestiziert. Ein Haustier entstand, ein vor allem äußerlich ganz anderer Vogel.

Die Wellis waren größer geworden. 18 cm etwa messen die freien Australier von Kopf bis Schwanzspitze, 24,5 cm soll der ideale Schau-Sittich erreichen. Der hat auch an Masse zugelegt: Bis zu 50 g wiegen Tiere aus Busch und Steppe, in der Zivilisation können Schauvögel das Dreifache auf die Waage bringen. Sogar der Kopf hat sich verändert: Größer, runder und breiter ist er geworden. Und dann die Farbe: Der einst nur grüne Wilde kann heute in fast allen Regenbogentönen prunken.

WILDES ERBE ▶ Charakter und Wesen aber haben sich – bis auf die erlernte und nicht erblich erworbene Zahmheit – wenig verändert. Auch Wellensittiche der 401. Generation könnten in der Freiheit überleben, wenn sie auf eine geeignete Umwelt treffen, wie etwa in Florida, wo seit rund 40 Jahren eine verwilderte Wellensittich-Population existiert.

Sicher die beste Lösung für das Platzproblem: Die Wellis haben Freiflug in der Wohnung und können sich im „Dachgarten" beschäftigen.

Wellensittiche machen kreativ:
Immer neue Spiel- und Kletter-
ideen belohnen den „Erfinder" mit
Einblicken in Alltag und Sozialverhalten seiner Schützlinge.

Knapp 40.000 Tiere sollen es sein, und die meisten ihrer Nachkommen zeigen wieder die Gestalt und vor allem die dominant hellgrüne Farbe ihrer Ahnen – ein Sieg der wilden Gene.

Neugier: Zuschauen und Dabei-sein-Wollen zeichnet Wellis aus.

▶ Lebenslange Verantwortung

Mit dem Erwerb der Vögel übernimmt der Käufer auch die Pflicht, für das Wohlergehen dieser freundlichen kleinen Wesen zu sorgen – für die nächsten zwölf bis fünfzehn Jahre. So lange dauert ein durchschnittliches Wellensittichleben.

KEINE SPONTANKÄUFE ▶ Die Anschaffung von Wellensittichen sollte also wohl bedacht sein. Lassen Sie sich niemals zu einem Spontankauf hinreißen, weil die Kinder darum betteln oder in die Küche noch ein Vogelkäfig passen würde. Wellensittiche sind zwar anpassungsfähig, aber keineswegs anspruchslos. Am wichtigsten ist auch diesen Tieren die größte Forderung aller Papageien an ihre Menschen: Zeit für Beschäftigung mit ihnen zu finden.

INTELLIGENT UND SOZIAL ▶ Wellis sind keine lebenden Automaten, und in den kleinen „Spatzenhirnen" passiert eine ganze Menge. Schon ihr angeborener und im Lebenslauf weiterentwickelter – oder zu stereotypen Handlungen verkümmerter – Spieltrieb deutet darauf hin.
Ihr Gefühlsleben beschränkt sich nicht auf Hunger, Durst und Fortpflanzung. Die hoch entwickelten Tierchen können Freundschaften schließen und Abneigungen entwickeln. Im Idealfall werden sie das, was sie am liebsten sind: Teil einer großen, fröhlichen Familie.
Für deren menschliche Mitglieder bringt das – noch vor dem Spaß und der Freude am Erleben so völlig anderer Geschöpfe – Aufgaben mit sich, die regelmäßig zu erledigen sind. Und dies setzt das Interesse an diesen Tieren an sich voraus – und nicht nur den Wunsch nach Steigerung der eigenen Lebensqualität.
Das gilt vor allem dann, wenn Kindern die Betreuung – und damit der „Besitz" – der Vögel übertragen wird. Wellensittiche sind geeignete Gefährten einer Kindheit, unter den richtigen Bedingungen:

▶ Gäste in einem unwirtlichen Land

Landschaft und Klima des Outback können Menschen in unseren Breiten den Wellis nicht bieten. Deshalb überleben zwar gelegentlich einige Vögel in Freiheit, bilden aber niemals größere Kolonien – wie das zum Beispiel Halsbandsittiche in Wiesbaden, Köln oder Hamburg tun.
Meist lassen sich entflogene Vögel wieder einfangen oder kehren – seltener – freiwillig zurück. Bereits Alfred Brehm berichtet von einem derartigen Vorfall. Bei Frühlingsbeginn waren 1861 zwei Wellensittichpärchen in Belgien „aus einem Gebauer" entwichen. Kurz vor Wintereinbruch konnten sie zusammen mit einigen ihrer Nachkommen wieder angelockt werden. Der Rest fiel Greifvögeln und Katzen oder dem Wetter zum Opfer.
Gegen die Risiken unserer Umwelt sind Wellis nicht gewappnet. Ob entflogen oder ausgesetzt –, was leider immer noch geschieht – in Freiheit haben Wellensittiche kaum eine Überlebenschance!

Überlegungen vor der Anschaffung

☐ Habe ich wirklich Interesse an dieser Tierart oder suchen wir nur eine neue Unterhaltung?

☐ Habe ich genügend Zeit, Platz und Geld für dieses Tier?

☐ Leidet jemand in der Familie unter einer Allergie, eventuell sogar spezifisch gegen Vögel?

☐ Ist die Unterbringung des Tiers während des Urlaubs gewährleistet?

☐ Wenn in der Familie starke Raucher leben, kann der Vogel davon unbelästigt bleiben?

Kein Wellensittichheim kann jemals zu groß sein – zumal wenn mehrere Vögel zusammenleben. Schon bei der Anschaffung sollte das bedacht werden.

Kriterien bei der Anschaffung

- Wo sollen die Vögel gekauft werden – beim Züchter oder im Zoofachhandel?

- Soll es ein Pärchen oder gar ein kleiner Schwarm sein?

- Sollen es Männchen, Weibchen oder eine gemischte Gruppe sein?

- Lege ich Wert auf Tiere, die allen Standards eines Schau-Wellensittichs entsprechen?

- Wo sollen die Vögel untergebracht werden, um dort artgerecht leben zu können?

- Welches Familienmitglied übernimmt die Verantwortung für die Pflege der Vögel?

- Wo hat ein geeigneter und schnell erreichbarer Tierarzt seine Praxis?

▶ Wellensittiche können Kinder die Achtung vor Zartheit und Verletzlichkeit eines abhängigen Lebewesens lehren. Nur: Die Eltern müssen sie darauf einstimmen.

▶ Wellensittiche erziehen Kinder – wie jedes andere geeignete Haustier auch – zu Verantwortung. Eltern müssen dennoch bereit sein, notfalls bei der Pflege und Versorgung der Tiere einzuspringen.

IM ALLTAG ▶ Vor dem Kauf überlegt werden sollte aber auch das Verhalten der eigenen Familie. Starke Raucher zum Beispiel gefährden die gesunde Struktur der zarten Atemorgane der Vögel. Allergiker könnten auf deren Federstaub reagieren. Nachbarn in Etagenwohnungen beschweren sich möglicherweise über zu laute Töne der neuen Untermieter. Und bereits vorhandene Haustiere können das Leben der Wellensittiche gefährden.

Nach so grundsätzlichen Überlegungen sind praktische Entscheidungen fällig: Soll zuerst ein Männchen oder ein Weibchen Einzug halten? Für ein Männchen spricht seine größere Bereitschaft, Umgebungsgeräusche nachzuahmen, zu „sprechen". Ein Weibchen dagegen verspricht für die Zukunft Nachwuchs.

▶ Nie ein Einzeltier

Wer Wellensittiche artgerecht halten will, sollte sich an die Mehrzahl gewöhnen. Wellensittiche sind von ihrer Natur her Schwarmvögel und deshalb schon rein genetisch auf Geselligkeit programmiert.

Sie sind zwar so flexibel, dass durchaus auch Menschen die Artgenossen ersetzen können. Nur: Sie müssen sich bewusst sein, nur ein spärlicher Ersatz, eine dürftige Notlösung zu sein. Denn das ist Wellensittich-Freundschaft mit jedem andersartigen Lebewesen: Flucht vor Vereinsamung in eine in der Natur nicht vorgesehene Beziehung. Und dass nur ein einzeln gehaltener Vogel so richtig zahm wird, ist und bleibt ein Ammenmärchen.

Sicherheit durch Tuchfühlung schafft Wohlbefinden in Wellensittichkreisen: Mit vertrauten Nachbarn wird gern geplappert.

Wer also mit einem einzelnen Minipapagei zusammenleben will, muss besonders viel Zeit in diesen Partner investieren. Und sich dabei immer im Klaren sein, dass er für den Vogel eigentlich doch nur zweite Wahl ist.

UNBRAUCHBARER ERSATZ ▶ Ein Spiegel oder der bunte Pappkamerad im Käfig wiegen diese Zuwendung nicht auf, können keinen Partner ersetzen. In der Regel ist deshalb ein Einzelvogel gerade für Berufstätige nicht geeignet. Wellensittiche sind kräftige Tiere voller Erlebnisdrang und Energie. Sie brauchen viel Gelegenheit und einen Gefährten, um zu spielen und ihre Neugier befriedigen zu können. Menschen im Arbeitsalltag sind damit fast immer überfordert.

Durchschnittsvogel oder Schauwellensittich? Für reine Liebhaber kaum zu unterscheiden.

NUR GEMEINSAM GLÜCKLICH ▶ Vor diesem Hintergrund wird wohl kein Tierfreund einen Einzelvogel halten wollen. Wer mit einem Pärchen aber nicht unfreiwillig zum Züchter werden will, kann stattdessen auch Wellensittiche gleichen Geschlechts erwerben. Fast immer gehen diese Vögel dann miteinander eine paarähnliche Bindung ein.

Zwei Hähne tun das unverkrampfter als zwei Hennen, die stärker dazu neigen, einem gleichgeschlechtlichen Vogel gegenüber Territorialaggressionen zu zeigen. Diese sterile Paarung bedeutet allerdings auch Verzicht auf das Erlebnis besonders reizvoller, typischer und anrührender Verhaltensweisen – Werbung, Brut und Jungenaufzucht.

Fast immer – jeder Wellensittich-Neuling merkt das früher oder später – führt Sittichhaltung auch zum Gedanken an Sittichzucht. Nicht unbedingt in großem Stil und schon gar nicht nach den Vereinsregeln der professionellen Schausittichzucht. Verführerisch wird einfach der Wunsch, die Tiere endlich das ganze Repertoire ihrer ererbten Verhaltensweisen ausleben zu lassen. Wer sich auf Wellensittiche einlässt, sollte auch diese möglichen „Spätfolgen" einkalkulieren.

\<header\>	Aus dem Wellensittich-Standard
Typ	Kräftig, gedrungen, harmonische Rundungen, Schultern und Hals breit, gerade Rückenlinie, Brust elegant vorgewölbt
Länge	24,5 cm, von der höchsten Stelle des Kopfes bis zur Schwanzspitze gemessen
Flügel	Gut anliegend, nicht gekreuzt, vom Bug bis zum Ende der Handschwingen ca. 12 cm lang, je Flügel sieben sichtbare, voll ausgewachsene, ungebrochene Handschwingen
Schwanz	In Verlängerung der Körperachse gerade, Federn glatt
Kopf	Groß, rund und breit
Schnabel	Möglichst klein, Oberschnabel über Unterschnabel reichend
Haltung	Furchtlos und natürlich in einem Winkel von 60°
Farbe	Rein, gleichmäßig, entsprechend der Musterbeschreibung

Spaß an jeder neuen Idee: Wellensittich-Rast im Faserseil mit Fressring zum Knabbern.

ren von Amateurzüchtern – knapp 40.000 von ihnen dürfte es in Deutschland geben.

Sehr viel teurer sind Schau-Wellensittiche vom Züchter (Vereinsadressen im Anhang). Ihr Preis beginnt bei etwa 25 Euro, liegt in der Regel aber bei rund 100 Euro und kann sich für besonders standardtreue Tiere oder anerkannt gute Vererber auf einige tausend steigern. Preisunterschiede zwischen den Geschlechtern bestehen nicht. Etwa 32.000 Deutsche pflegen dieses sich selbst tragende, aber dennoch durch seinen Aufwand teure Hobby.

EINE ÜBERLEGUNG WERT ▸ Liebhaber der unfreiwilligen Emigranten aus Australien müssen sich nun festlegen: Möchten Sie die preisgünstigeren Durchschnittsvögel oder lieber teure Schauwellensittiche zu neuen Familienmitgliedern machen? Egal, welche Wahl Sie treffen, die Konsequenz bleibt die gleiche: Beide, der aus Liebhaberei geschlüpfte und der durch berechnete Mendelei und Zuchtwahl gezeugte Vogel, sind echte Wellis. Beide sind mit dem vollen Verhaltensprogramm ihrer Ahnen ausgestattet. Wer nur daran Freude haben und mit seinen Vögeln keine Trophäen auf Austellungen und Leistungsschauen sammeln will, liegt mit dem Welli für „Amateure" immer richtig.

BEOBACHTUNG IST WICHTIG ▸ Wo immer die Vögel herkommen sollen, der neue Besitzer muss vor dem Kauf die Kandidaten für die zukünftige Wohngemeinschaft auf jeden Fall genau beobachten. Und zwar dann, wenn in der Voliere des Händlers oder in den Boxen des Züchters gerade Action angesagt ist.

Minimalausstattung für zwei Wellensittiche.

Wellensittichspielplatz – damit die Vögel ihren Spaß daran haben, muss er noch fantasievoll aufgepeppt werden.

▸ **Kaufentscheidungen**

Wellensittiche, einst teure Luxustiere, sind inzwischen zu Allerweltsvögeln geworden, die – leider – billigsten Papageien im Tierhandel. Sie gelten oft als „Hansi-Bubi"-Vögel, die Kleinpapageien für jedermann, die den etwas verächtlichen Spitznamen nach den weit verbreiteten Welli-Namen Hansi und Bubi erhielten.

Je nach Preisgestaltung im jeweiligen Geschäft kosten die Tiere dort zwischen 10 und 20 Euro. Sie stammen entweder aus eigener Händlerzucht oder aus den Volie-

LEBHAFT, JUNG, GESUND ▶ Verängstigte, sich in eine Ecke drückende oder auf dem Boden hockende Tiere können entweder krank oder überängstlich sein – keine Empfehlung für Anfänger.

Als Faustregel gilt: Möglichst junge, 5 bis 9 Wochen alte, aktive und lebhafte Tiere sind die beste Wahl. Wer mehrere Vögel kaufen will, sollte auf eng beieinander bleibende Wellis achten. Wenn diese gegenseitig ihr Gefieder durchkämmen und miteinander schnäbeln, haben Sie wahrscheinlich ein Pärchen, mindestens aber zwei gute Freunde vor sich. Die sollten Sie nicht trennen!

Die Nasenöffnungen sollten frei von Ausfluss sein, Bauch und Brust dürfen keine Schwellungen aufweisen, Flügel und Füße keine Wunden zeigen. Die Kloake muss sauber unter den Federn liegen, die gepflegt und glänzend strahlen sollen.

Zu beobachten ist auch der Verkäufer, egal ob Züchter oder Händler: Sauber soll die Voliere sein, und er selbst darf nicht zögern oder Ausreden suchen, wenn ihm Fragen gestellt werden. Ist alles in Ordnung, bleibt dennoch empfehlenswert: Die frisch erworbenen Tiere sofort beim Tierarzt vorstellen. Besonders dann, wenn zu Hause bereits andere Wellensittiche die Neuzugänge erwarten. Bei Papageienvögeln geht Nummer Sicher immer auf besonders sicher.

▶ Wie Wellis wohnen wollen

Wer sich Wellis zulegen will, für den ist der Kauf eigentlich nur der letzte Schritt auf seinem Weg zum Vogelmenschen. Vorher müssen – wie bei der Ankunft eines Babys – schon eine Menge Vorbereitungen getroffen, Fragen geklärt und Probleme gelöst werden.

DAS MINDESTMASS ▶ Besonders wichtig: die Frage der Unterkunft. Die stellt sich keineswegs nur als Geld-, sondern vor allem als Platzfrage. Wenig Platz – das heißt Vogelbauer, der Käfig, in dem schon Generationen von Wellis leb-

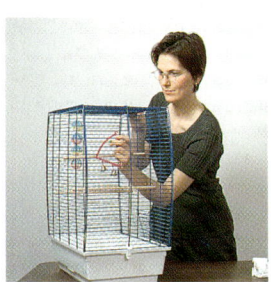

Vorbereitung für die neuen Mitbewohner: Bedecken Sie den Boden der Unterschale mit Vogelsand. Dann setzen Sie die Stangen ein. Nun kommt Spielzeug hinzu und die Futternäpfe werden angebracht.

Ein gewachsener Ast: Für Wellensittich-Krallen das ideale Sitzmöbel zum Festhalten.

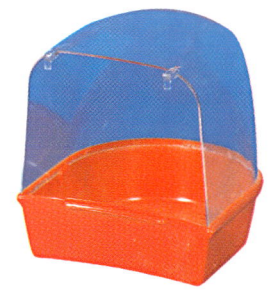

Spielzeug und Zubehör in Käfig und Voliere

- Vögel aus Plastik als „Gefährten" befriedigen nur Menschen, niemals aber Sittiche. Spiegel täuschen nur einen Partner vor, der einsame Vogel wird durch sie krank, neurotisch und aggressiv. Dieses Spielzeug ist für Wellensittichheime tabu.

- Nicht Plastikrohre oder sehr glattes Holz, sondern natürlich gewachsene Äste von Obst- und anderen ungiftigen Laubbäumen dienen am besten als Sitzstangen. Sie befriedigen auch das Knabberbedürfnis der Tiere.

- Astkonstruktionen können mit Holzringen, Faserseilen und starken Ranken (z. B. Brombeere) zu Spielplätzen verbaut werden. Stets darauf achten, dass sich keine Futterschalen darunter befinden, sie verschmutzen sonst sehr schnell.

- Futter- und Wasserschalen außerhalb des Fallbereichs unter den Sitzstangen anbringen (Gefahr der Verunreinigung durch Kot). Über dem Badehäuschen für eine Abdeckung sorgen.

- Alle Näpfe und Schalen so einhängen, dass sie leicht auswechselbar sind.

ten und litten. Je kleiner er ist, desto miserabler die Lebensqualität seiner Insassen. Bei einem Mindestmaß von 50 cm Käfiglänge und -breite und einer Höhe von 60 cm muss zumindest ein täglicher, mehrstündiger Freiflug im Zimmer gewährleistet sein. Der Käfig sollte so aufgestellt werden, dass eine seiner Seiten an eine Zimmerwand angrenzt: Das gibt den Vögeln den gewissen Rückzugsraum – notwendig für das ihnen wichtige Gefühl der Sicherheit.

JE GRÖSSER DESTO BESSER ▶ Größere Vogelheime – z. B. mit den Maßen 100 x 50 x 80 cm – sind eher zu empfehlen. Aber auch hier sollten die Vögel Freiflug haben, selbst wenn ihnen ihr Heim ein paar Flügelschläge gestattet. In der Schweiz hat die zuständige Fachkommission für Artenschutz eine Mindestempfehlung für die Haltung eines Paars von Wellensittichen vorgelegt: Käfig oder Voliere sollten 0,4 m² Oberfläche und 0,24 m³ Volumen besitzen. Werden mehrere Vögel im Schwarm gehalten, so müssen pro Pärchen wenigstens 0,1 m³ an Raum vorhanden sein.

Niemals einen der früher modischen und auch heute noch manchmal angebotenen runden Vogelbauer erwerben: Vögel können sich darin schlecht zurechtfinden. Ihnen fehlt es an Orientierungsmöglichkeiten. Nicht selten flattern die Tiere darin gegen die Gitter.

Kaufen Sie keinen besonders gestylten, auf Menschengeschmack abgestimmten Käfig. Vögel sehen ihre Welt mit anderen Augen. Und sie sollen ihr Vogelheim bewohnen und sich wohl fühlen, nicht als Zierrat glänzen. Nicht der Käfig, sondern die Vögel darin müssen das Schmuckstück sein.

AUF GITTERSTÄBE ACHTEN ▶ Möglichst dunkle Gitterstäbe aus eloxiertem Metall ohne Kunststoffüberzug auswählen. Wellensittiche knabbern gern und nagen auch die Kunststoffüberzüge ab.

Chromglänzende Gitterstangen irritieren die Vögel, sodass sie sich nur schlecht in ihrer ohnehin kleinen Umwelt zurechtfinden können.

Der Gitterabstand darf höchstens 15 mm betragen. Die Drähte sollen immer quer verlaufen, da die Vögel gerne klettern und

Sinnvolles Zubehör für Käfig oder Voliere: Wasserspeicher mit automatischem Nachlauf, Futterspender mit selbstständigem Nachrieseln der Körner und Badehäuschen mit Plastikschutzdach, das vor Verunreinigung schützt.

dazu auch die Wände ihres Heims verwenden. An senkrechten Gittern rutschen kletternde Wellis ab. Auch Zubehör lässt sich an Querstäben leichter anbringen. Zweckmäßigkeit ist also das wichtigste Auswahlkriterium für Käfig und Zubehör.

DER IDEALFALL ▶ Wesentlich besser sind die Vögel in Zimmer- oder (ganz ideal) in Freivolieren untergebacht. Geeignete Modelle finden sich im Fachhandel. Noch besser aber lassen sie sich entsprechend dem Platzangebot und der jeweiligen Örtlichkeit selbst bauen. Freivolieren können im Garten stehen, aber auch als Vorbau eines Dachfensters oder einer Luke als Dachaufleger konstruiert werden. Wichtig ist nur, dass in beiden Fällen der Rückzug in einen winterfesten, frostsicheren Raum für die Tiere möglich ist.

▶ Inventar für die Welli-Villa

Zur Einrichtung von Käfig und Voliere gehört eigentlich nur wenig an Pflichtzubehör: Futternapf, Wasserbehälter, Vogelsand als Einstreu auf dem Boden und eine Badegelegenheit komplettieren schon fast die kurze Einkaufsliste.

Dazu kommen Sitz- und Kletterstangen, die gekauft oder besser aus natürlich gewachsenen Ästen passend zugeschnitten

werden können. Die Vögel können an ihnen Krallen und Schnäbel besser abnützen. Die Schwierigkeit des Nachschneidens von überlang gewachsenem Horn entfällt dadurch. Sinnvoll sind deshalb außerdem Kalksteine oder Tintenfischrückenschulpe.

Nicht erwähnt ist in dieser Aufzählung die Nummer eins der Wellensittich-Möbel: der Nistkasten. Wie der auszusehen hat, wird später (vgl. S. 72) noch beschrieben. Schon hier aber muss gesagt sein: Wer ein Wellensittich-Pärchen besitzt und einen Nistkasten anbringt, löst damit auch den Bruttrieb seiner Vögel aus. Mit Nachwuchs muss gerechnet werden. Die Konsequenzen daraus wollen überlegt sein.

FUTTER- UND WASSERNAPF ▶ Bei den Gefäßen, die als Futter- und Wassernapf sowie als Badeplatz dienen, ist Zweckmäßigkeit Trumpf. Als zweckmäßig gelten alle Gefäße, die leicht anzubringen, schnell und hygienisch bei höheren Temperaturen in der Spülmaschine zu säubern und widerstandsfähig gegen die Knabberschnäbel der Tiere sind.

Am besten eignet sich dafür das bereits mit Drahtbügeln zum Einhängen versehene und für die Kleinpapageien-Haltung entwickelte Zubehör aus dem Zoofachhandel, zumeist aus Glas, Keramik, Hart-

Wellensittiche an der Tränke: Im Käfig wäre eine offene Schale aber nicht geeignet, weil das Wasser zu leicht verunreinigt werden kann.

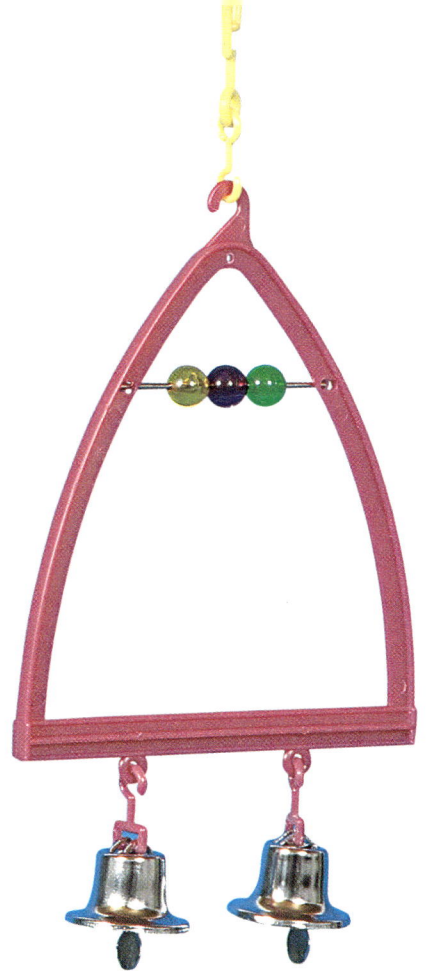

Tauschen Sie Spielzeug immer wieder einmal aus, um den Wellis ständig neue Spielanreize zu bieten.

plastik oder Chromstahl hergestellt. Achten Sie beim Aufhängen in Käfig oder Voliere darauf , dass Nahrungs- oder Wasserbehälter nicht unter Sitzstangen positioniert werden. Herabfallender Vogelkot und Harnsäure verderben sonst schnell Körner, Trink- und Badewasser. Das kann zur Ursache von Krankheiten, deren latenter Anwesenheit oder regelmäßiger Wiederkehr werden. Das letzte Kapitel dieses Buches informiert ausführlich über diese Gefahren.

EINSTREU ▶ Als unterste Schicht in die Käfigschale kommt saugfähiges Papier, am besten Küchenkrepp, darüber ca. 2 cm hoch handelsüblicher Vogelsand. Dieser muss hygienisch – also frei von gefährlichen Keimen, Bakterien und vor allem Schimmelpilzsporen – abgefüllt sein. Sägemehl, Hobelspäne und Rindenmulch sind ungeeignet, ebenso Gartenerde oder Sand von Fluss- und Seeufern. Verschmutzte Einstreu ist in täglichem Rhythmus großzügig zu entfernen.

Gefahren beim Freiflug in der Wohnung

Küche: Offene Töpfe, Gläser, alle tiefen Gefäße mit glatten Wänden, heiße Herdplatten, Essensreste, scharfe Gewürzkörner.

Alle Räume: Offene Fenster (auch nur gekippte: Steckenbleiben und Verhängen), geschlossene Fenster ohne Gardinen (Aufprall im Fluge), Webtapeten, gewebte Teppiche (Verhängen), Gardinen (Verhängen und Vergiftung durch Bleibänder), giftige Pflanzen (vgl. Kasten S. 30), Pflanzendünger in Topfpflanzen, Elektrokabel, Kamine und Kaminschächte, brennende Kerzen, enge Spalten zwischen Wand und Möbelstücken, Ritzen in Möbelstücken, Kabelleitungen, Aquarien, Weichplastik, Kugelschreiber, Scheren, Klebertuben, Hohlräume hinter Fernsehgeräten.

Badezimmer und Toilette: Offene Toiletten, gefüllte Waschbecken, gefüllte Badewannen, Kosmetik- und Zahnpastatuben, Waschmittel.

Schlaf- und Kinderzimmer: Gardinen (Verhängen), Spielzeugkleinteile (Vergiftungen und Ersticken), Bettritzen (Steckenbleiben).

Liebe unter Wellensittichen: Das Gefieder des anderen wird mit dem Schnabel durchkämmt.

Zwei Freunde: Wellis nehmen gern ein Kind als Bezugsperson an – das Kind lernt dabei Verständnis und Verantwortung für die Vögel.

ten. Badende Wellis fordern aber auch Toleranz: Wegen ein paar verspritzter Tropfen auf Parkett oder Tapete sollte ihnen das fröhliche Planschvergnügen nicht genommen werden. Ein paar Scheiben rund um den Badeplatz in Käfig oder Voliere halten den Wasserschaden in Grenzen und verhindern zusätzlich auch, dass Körner oder Spelzen rund um das Sittichheim den Boden bedecken.

BADEPLATZ ▶ Interessanterweise zeigen Wellensittiche in Menschenhand ein Badeverhalten, das ihren Artgenossen in Australien unmöglich ist. Dort macht das heiße Klima des Outbacks das tägliche Planschen zum seltenen Luxus. Die Vögel können deshalb für längere Zeit auch darauf verzichten und benetzen dafür im nassen Gras oder Gebüsch ihr Gefieder. Tatsächlich aber genießen sie die kühlende Nässe, obwohl sie allein mit Trinkwasser (sollte spätestens nach 24 Stunden gewechselt werden: Keimansiedlung!) ihren Feuchtigkeitsbedarf decken könnten. Dieses Verhalten wird in Freiheit nicht gezeigt. Es wird erst in Gefangenschaft möglich und ist erst hier beobachtet worden. Dieses regelmäßige „Luxusverhalten" von Wellis hat selbst die Wissenschaftler überrascht. Es beweist erneut ihre Anpassungsfähigkeit – an schlechte und an gute Zei-

▶ Artgerechte Beschäftigung

Nach rund anderthalb Jahrhunderten Wellensittichhaltung in aller Welt haben sich viele Vorstellungen – die meisten sind leider falsch – von der idealen Ausstattung der Welli-Wohnung entwickelt. Menschliche Moden und Überzeugungen spielen dabei eine kulturgeschichtlich interessante Rolle. Schon früh wurde zum Beispiel der hängende, runde oder viereckige Spiegel, manchmal aus Glas, häufiger aus glänzendem Metall, dem einsamen „Häftling" in seinen Käfig gehängt. Das Tier erkannte in seinem Abbild nicht das eigene Ego, sondern nur einen ihm auf seltsame Weise fernen Gefährten. Ich-Erkenntnis im Spiegel scheint nach jetzigem Wissen nur Menschenaffen und Delfinen möglich zu sein.

GEFÄHRLICHES SPIELZEUG ▶ Wellensittiche reagieren auf den scheinbaren Partner mit Balz- und Fütterversuchen, alle natürlich immer erfolglos. Das frustriert – und hat Folgen. Der Vogel gewöhnt sich schnell ein sinnloses Bespeichelungs- und Fütterverhalten an, das im Laufe seines Lebens zu so genannten Verhaltensstereotypen führt – sinnlose Gesten, die als Ersatz für artgemäßes Verhalten dienen. Bei einsamen Zoo- und Zirkuselefanten ist häufig das Hin- und Herschwenken des Kopfs zu beobachten – „Weben" nennen die Fachleute das. Bären und andere Raubtiere scheuern sich auf ausgetretenen Pfaden in ihren Gehegen den Pelz wund. Wellensittiche speicheln oder beginnen mit übermäßiger Gefiederpflege, die in Federrupfen ausarten kann – alles Folgen falscher Haltung. Für kleine festgeklemmte Sittichfiguren aus Plastik gilt das Gleiche: Sie können einen Partner aus Fleisch und Blut nicht ersetzen. Sie erzeugen nur Illusionen und frustrieren das Tier bis zur Neurose.

KLETTERSPIELE ▶ Anders verhält es sich mit Kletterspielzeug, mit hängenden Kugeln oder Seilen. Wellensittiche sind aktive Tiere, die sich arttypisch beschäftigen wollen. Während des harten Lebens in ihrer Heimat erwarben sie in millionenjähriger Evolution den Spieltrieb, bei allen Tierarten stets ein Zeichen für Klugheit und soziale Intelligenz.

So werden Welllis handzahm

Kauf, Transport und Eingewöhnung in eine neue Umwelt verursachen Stress. Verstärken Sie diesen nicht noch durch aufdringliche Zähmversuche. Gehen Sie am besten folgendermaßen vor:

1 Lassen Sie die Tiere sich mehrere Tage an die neue Umgebung gewöhnen. Dieser Vorgang dauert maximal zwei Wochen, bei Jungvögeln, die sich zwar anfangs noch zu verbergen suchen, meist nur zwei Tage.

2 Während dieser Zeit beruhigend mit den Vögeln reden, auf keinen Fall nach ihnen greifen. Das kann zu dauernder Handscheue führen.

3 Käfigtür öffnen und einen Leckerbissen, z.B. Kolbenhirse (Senegalhirse in Ährenform) auf der offenen Hand unbedingt vor dem Käfig anbieten.

4 Den Vorgang so lange wiederholen, bis die Tiere die geöffnete Hand aufsuchen. Dabei immer beruhigend mit leiser Stimme auf die Vögel einsprechen. Hat erst ein mutiger Vogel diesen Schritt gewagt, wird der etwas vorsichtigere ihm folgen.

5 Niemals nach den Vögeln greifen oder ihnen die Hand aufdrängen. Aus Neugier und Appetit kommen die Tiere von ganz allein zu Ihnen.

6 Ist so Vertrauen aufgebaut, allmählich den eigenen Finger als Sitzstange anbieten. Auch dieses Angebot immer wieder erneuern, ohne die Tiere zu bedrängen.

7 Wenn Hand und Finger zum selbstverständlichen Alltag gehören, allmählich versuchen, mit einem Finger den Wellensittich-Kopf zu kraulen. Bei Angstreaktionen abbrechen und erst später erneut damit beginnen.

Der kurze Weg vom Ast zum Finger – der lange Weg ins Vertrauen: Erst ein Fuß, dann der zweite, schließlich ist der große Sprung geschafft.

Hohes Reck, besetzt mit Spitzenturnern: So ein Gerüst aus Holzstangen eignet sich auch als Aufsatz auf dem Käfig.

▶ Partnerschaften

Ideale Spielgefährten für Wellensittiche sind immer andere Wellensittiche. Haben die Vögel erst einmal ihre Scheu verloren und sind handzahm, können auch ein Mensch oder andere Haustiere dazu werden: Hunde, Kaninchen, Meerschweinchen. Vorsicht bei Katzen: Zwar gibt es Fälle von Freundschaft, grundsätzlich aber gehören Vögel ins Beuteschema unserer Stubentiger.

Besonders beliebte Partner von Wellensittichen scheinen Kinder zu sein – kleinen Menschen schließen sich Wellis meist noch viel leichter an als Erwachsenen. Ursache dafür ist wahrscheinlich der direktere und weniger kalkulierende Zugang, den Kinder zu Tieren finden.

Von dieser Freundschaft profitieren beide Partner: der Vogel, weil er einen Freund gefunden hat, der viel Zeit mit ihm verbringen kann. Und das Kind – um verantwortungsvoll mit den Tieren umzugehen, sollte es mindestens acht Jahre alt sein – weil es spielerisch Verantwortung lernt, Pflichten übernimmt und ganz nebenbei auch seine wachsende Beobachtungsgabe schärft.

Der hohe pädagogische und sozialisierende Wert von Tieren als Freunde für Kinder ist inzwischen durch viele internationale Studien und Beobachtungen eindeutig erkannt worden. Untersuchungen wie zum Beispiel eine Arbeit der Universität Bonn (damals u. a. über Hunde und Kinder) gelten entsprechend auch für Wellensittiche als Hausgenossen. Als Voraussetzung dieser Partnerschaft kommt den Eltern die Aufgabe zu, das Kind behutsam auf die Wellensittiche und deren Bedürfnisse einzustimmen. Unvorbereitet verlieren Achtjährige schnell das Interesse an den sich ihnen zunächst entziehenden Tieren, die Tiere selbst aber Lebensqualität, im schlimmsten Fall sogar das Leben.

▶ Wellensittiche wollen fliegen

Käfige und kleine Volieren können weder das Bewegungsbedürfnis von Wellensittichen noch ihre Neugier befriedigen. Freiflug in der Welli-sicheren Wohnung (vgl. Kasten S. 19) muss also möglich sein. Auch deshalb, weil Fliegen als artgemäße Bewegungsform genauso für die Gesundheit von Kreislauf, Herz und Muskulatur wie auch das psychische Wohlbefinden der kleinen Vögel unbedingt notwendig ist.

Auch beim Spielen und Naschen stets auf Federfühlung.

Zeit. Er soll sich den Zeitpunkt für seinen Rückflug selbst aussuchen. Spätestens wenn er Hunger und Durst bekommt, wird er in seinen Käfig zurückkehren.

LANDEPLÄTZE ▶ Empfehlenswert: Stellen Sie in der Lieblingsumgebung des Wellis im Zimmer einen Vogelbaum als Lande-, Spiel- und Sitzplatz auf. Dazu eignet sich ein vielfach verzweigter dicker Ast, der in einem weiten Kübel kippsicher verankert ist. In sein Gestrüpp können immer wieder frische Reiser und Äste mit Knospen zum Knabbern verflochten werden. Hier lassen sich Kletterseile, Schaukeln, Knabberkekse oder Tintenfischrückenschulpe und Kolbenhirse, also jedwedes Spielzeug, verschiedenste Leckerbissen und mög-

Hat ein Vogel sich im Käfig in seiner neuen Umgebung eingewöhnt und ist mit seinen Menschen und deren Hand vertraut geworden, wird er allmählich auch damit beginnen wollen, das weitere Umfeld seiner Residenz zu erkunden. Nicht jeder Wellensittich nutzt dabei sofort die erste Chance, die eine offene Käfigtür ihm dazu bietet. Manche Vögel müssen regelrecht – mit Leckerbissen und gutem Zureden mit sanfter, leiser Stimme – erst herausgelockt werden.

ERSTE FLÜGELSCHLÄGE ▶ Meist beginnt alles mit Kletterkunststückchen innen an der offenen Tür, dann eventuell – mutiger geworden – mit ein paar Klimmzügen an der Gitteraußenwand, am Schnabel hängend oder an den Krallen. Wichtig in dieser Phase: den Vogel nicht dabei stören oder antreiben. Er allein muss das Tempo bestimmen, Anfeuerung erschreckt nur und würde ihn wieder in die Sicherheit hinterm Gitter zurücktreiben.

Startet das Tierchen nun zum Erkundungsflug, wird es wahrscheinlich nach oben abschwirren. Erster Landeplatz: die Gardinenstange oder ein hoher Schrank. Auch jetzt gilt: Lassen Sie dem Kleinen

lichst auch ein Wasserspender aufhängen. Richtig positioniert, haben die Wellis hier bald ihren Lieblingssitz gefunden.

Sein weiterer Vorteil: Unter diesen Freisitz fällt auch der Wellensittich-Kot, der sonst überall in der Wohnung auf Fußboden und Schränken verteilt werden würde. Denn: So intelligent sie auch sind – zur Stubenreinheit lassen sich die charmanten Vögelchen nicht erziehen. Aber ganz einfach dazu „überlisten": Sie erleichtern sich meist bei Start und Landung.

Gemeinsame Entdeckungstour beim Freiflug. Das Klettergerüst eignet sich als Landeplatz und Aussichtspunkt.

Kein Schlaraffenland: Nur wer viel reist, wird satt

▶ Heimat bedeutet Futter

Ihr Zuhause ist ein ganzer Kontinent, die riesigen Steppen des australischen Binnenlandes. Und auch darin sind sie nur Nomaden. Heute hier, morgen schon wieder mit rasanter Geschwindigkeit weggeflogen – dem Futter nach oder dem Regen entgegen. Von Heimat im engen Sinn wissen sie nichts: Überall, wo Nahrung wächst, da ist auch Vaterland für Wellensittiche.

▶ Grün ist ihr Leben

Wellensittiche ziehen in Schwärmen über das Land, den Blick aufmerksam nach unten gerichtet. Blitzartig können sich die Pupillen ihrer dunklen Augen im Flug zusammenziehen oder weiten, Einzelbilder aufnehmen oder die gesamte Szenerie erfassen. Schimmert es unten grün, so senkt sich die Wolke der schnellen Reisenden. Dort leuchtet ihre Farbe. Sie signalisiert: Futter, das Wasser brauchte, um zu wachsen. Und diese Farbe bedeutet Sicherheit: Die grünen Vögel können sich in ganzen Schwärmen, getarnt in grünem Buschwerk, vom Flug erholen. Mit etwas Glück landen sie am Rand einer der einsamen Farmen des Outback, mit noch mehr Fortune hat

gerade ein Regen die Viehtränken gefüllt. Und wenn's ein Hattrick werden soll, dann stehen auch noch alte oder gar schon tote Bäume voller Höhlen am Wasser und am Rand der Weiden – ideale Nistplätze.

▶ Glück in der Reiselotterie

Dann war's ein Volltreffer. Selten genug kommt der vor. Und er wird ausgekostet. Wie Falken im Fall schnellen die kleinen Muskelpakete dem Wasser entgegen, landen am Ufer, schnäbeln Flüssigkeit in sich hinein und sind nach einem Lidschlag schon wieder hoch in der Luft. Nur um das gleiche Manöver noch einmal zu fliegen. Senkflug, Schluck und Neustart: Die Wellis sind glücklich. Denn wo Regen war, keimt nun auch Gras. Schnell wird es Samen bilden, Nahrung für sich – fünf bis sechs Gramm täglich – und genug für die Kropfmilch, die bald die Kinder er-

nähren soll. In knapp 20 können nen diese schlüpfen. Bleibt das Glück ihnen danach noch 40 oder 50 Tage treu, sind die Jungen selbstständig und alle traf das große Los in der Reiselotterie: Die Alten und ihr Nachwuchs werden gemeinsam weiterziehen. So friedlich, wie sie kamen.

▶ Kein Streit ums Eigenheim

Krach und Kämpfe gibt es nicht. Wellis leben im Schwarm und gönnen sich gegenseitig das Überleben. Reviergrenzen? Überflüssig. Futter und Wasser? Zur Genüge für alle vorhanden. Sonst hätte sich hier der Schwarm nicht gesenkt. Nur manchmal freilich lässt sich auch nach langem Flug kein Grün erspähen. Dann müssen sie aufgeben, die ewigen Wanderer. Irgendwo im heißen Herzen des Fünften Kontinents.

Auf jedes Körnchen kommt es an

„Die gebogene Form des Schnabels und die auffallend große Zunge ermöglichen dem Wellensittich eine optimale Verarbeitung von Körnern"

Dr. Ruth Baumgartner, 1992

Futter im Überfluss wird Wellensittichen nur in Menschenhand geboten: Da macht es Sinn, seinen Nährwert mit einem Spielwert zu verbinden.

▶ **Stets ein Genießer, nie nur ein Körnerfresser**

Nur ein paar Körnchen aus der Tüte – so ließe sich ein Wellensittich gut durchs Vogelleben bringen. Das gilt als alte Weisheit, die dennoch niemals eine war. Tatsächlich fressen Wellensittiche in ihrer Heimat nur aus Mangel an Alternativen für kurze Zeit voll ausgereifte Körner. Viel lieber aber ernähren sie sich von jungen Gräsern, Blüten, Keimlingen und unausgereiften, weichen Samen.

21 verschiedene Pflanzenarten stehen in Australien auf dem Welli-Menüplan. Die Tiere sind Genießer, keineswegs nur leicht und billig zu ernährende Körnerfresser, wie selbst ein Experte die Vogelfreunde vor rund hundert Jahren noch glauben machte und damit den gefährlichen Unfug in die Welt setzte.

Damals schrieb Karl Neunzig in seinem berühmten, auf den Vogelkundler Karl Russ zurückgehenden Handbuch „Die ausländischen Stubenvögel" zum Thema Wellensittich-Futter: „Weiße Hirse, Spitzsamen, Hafer in Hülsen; zur Aufzucht genügen die genannten Samen."

SORGFÄLTIG AUSWÄHLEN ▶ Der Experte irrte. Was die Wellis aus ernährungsphysiologischer Sicht wirklich brauchen, ist heute besser bekannt – dank erfahrener Züchter und Mediziner. So haben 1992 die Schweizer Tierärzte Dr. Ruth Baumgartner und Prof. Dr. Ewald Isenbügel Empfehlungen zusammengestellt, die nach Herkunfts-Qualitäten des Futter und Vogelalter unterscheiden. Doch herrscht noch immer Verwirrung darüber, welche Ansprüche Welli-Futter erfüllen muss.

Nicht nur fressen, um zu leben. Futter, das Spaß macht, ist Nahrung für die Seele.

Eine der Ursachen dafür: Im Gegensatz zu Nutztieren (und populären größeren Haustieren wie Hund und Katze) ist beim Wellensittich der exakte Nährstoffbedarf noch unbekannt. Allerdings nähern sich heute die Produkte der großen Fertigfutter-Hersteller immer genauer den vermuteten Werten.

Theo Vins, eine Koryphäe der Welli-Zucht in Deutschland, benennt das Problem: „Da wir unser Futter nicht in der australischen Wildnis ernten können, müssen wir auf Ersatzfutter ausweichen – wir bleiben allerdings darüber im Unklaren, ob das von uns angebotene Futter vollwertig und ausreichend ist." Die Konsequenz daraus: Sorgfältige und kenntnisreiche Zusammenstellung und Auswahl vor allem auch des Grundfutters für Wellensittiche spielt für Vitalität und Gesundheit der Tiere eine entscheidende Rolle.

▶ Grundfutter von hoher Qualität

Ersatz für die gewohnten Nahrungspflanzen in Australien liefern bei uns die Sämereien vieler verschiedener Grasarten. Als fertige Körnermischungen werden sie im Handel angeboten. Ihre Frische ergibt sich nicht nur aus dem aufgedruckten Ver-

fallsdatum. Ganz entscheidend ist auch die Lagerung des Futters. So kann unsachgemäß gelagertes Futter schon lange vor Ablauf des Verfalldatums seine Qualität eingebüßt haben. Mit einer einfachen Methode lässt sich das überprüfen.

KEIMTEST ▶ Dazu eine bestimmte Anzahl – mindestens 100 – Körner aus der Futtermischung auszählen und dabei möglichst auch die prozentuale Verteilung der verschiedenen Grassorten der Mischung berücksichtigen. Die ausgezählten Samen in einem Sieb unter fließendem Wasser spülen und dann in einer Schale, z. B. einer handelsüblichen Keimschale für Salatsprossen, zum Keimen bringen.

Frische und qualitativ wertvolle Mischungen keimen zu 80 Prozent, ausreichend ist die Güte gerade noch bei einem Ertrag von 60 Prozent. Fällt die Zahl der Keimlinge auf 50 Prozent oder gar noch darunter, sind die Körner nicht mehr als Nahrung geeignet. Besonders bei regelmäßiger Ernährung mit demselben Futter sollte dieser Test gemacht werden.

Wer Wellensittiche richtig füttern will, muss dabei so vorsichtig sein, wie das inzwischen viele Mütter mit kleinen Kindern sind oder jeder bewusst essende Mensch bei der Auswahl der eigenen Nahrung. Beim Futter müssen Sie deshalb mehrere Unsicherheitsfaktoren bedenken:

▶ TIPP

Wo Sattwerden kein Problem ist, soll die Futtersuche wenigstens Spaß machen. Diese Grundregel moderner Zooernährung gilt auch für Wellensittiche. Gerade mit dem unverzichtbaren Frischfutter lässt sich ein kleines Programm gegen Langeweile entwickeln. Das ist nicht nur für das körperliche Wohl Ihrer Pfleglinge, sondern auch für deren seelische Ausgeglichenheit wichtig.

Nicht immer nur Körnerfutter: Ein kleiner Petersilienstrauß ist gesund und bietet Gelegenheit zum Hangeln und Zupfen.

FUTTERANBAU ▸ Insekten-, Pilz- und Unkrautgifte werden in unbekannter Menge und Kombination eingesetzt. Auch deutsche Konzerne exportieren noch immer bei uns bereits verbotene Chemikalien in Drittweltländer, aus denen die häufigsten Futtermittel aller Haustiere stammen (auch Soja und Mais für Schlachttiere). Gifte für Tier und Mensch kommen über das Futter wie ein Bumerang zurück.

FUTTERERNTE ▸ Kein Käufer kann es einem Endprodukt ansehen, ob zum richtigen Zeitpunkt im richtigen Reifestadium geerntet wurde. Gerechnet werden muss mit zu früher Ernte aus Gewinnsucht oder zu später aus Gleichgültigkeit oder Unkenntnis. In beiden Fällen können Nährwert, Vitamingehalt und Geschmack darunter leiden. Wer einmal exotische Früchte in ihren Ursprungsländern gegessen hat, kennt die Unterschiede.

ALTER UND LAGERUNG ▸ Auch Lagerung, Alter, Transport und Verpackungshygiene beeinflussen den Wert der Futterpflanzen. Sand und Erdkörnchen senken den Gewichtsanteil der Nährstoffe. Überlagerung lässt den Vitamingehalt rapide abnehmen. Eindringende Feuchtigkeit kann Pilzsporen aktivieren, die dann den gefürchteten und äußerlich nicht unbedingt gleich zu erkennenden Verschimmlungsprozess im Futter in Gang setzen (ein Problem übrigens auch für Menschen bei importierten Pistazien und anderen Nüssen). Bei Tieren verursachen besonders die Giftstoffe des Schimmelpilzes *Aspergillus flavus*, so genannte Aflatoxine, Leberschäden, Tumorbildungen und Wachstumsstörungen der Federn.

▸ Auf die Mischung kommt es an

Grundsätzlich also: Bei der Welli-Ernährung kommt es auf jedes Körnchen an – auf Sorte, Alter und Qualität. Wer sich nicht auf Fertigfutter verlassen will, kann sich inzwischen aber auch in vielen Zoofachgeschäften eine eigene Mischung zusammenstellen.

GLANZ ▸ Als wesentlicher Bestandteil gehört dazu **Glanz**, auch **Kanarien-** oder **Spitzsaat** genannt: längliche, hellbraune Körnchen mit einem dunkleren Kern. Hauptanbaugebiete dafür liegen in Australien, Afrika und Südamerika. Glanz ist reich an Proteinen, lässt sich im Schnabel von der Welli-Zunge leicht schälen und ist außerdem leicht verdaulich. Für „normale" Wellensittiche sollte Glanz mindestens

Ein Feld mit Kolbenhirse – Schlaraffenland für Wellis.

Tipps zur Körnerfütterung

☐ Beispiel für das Mischungsverhältnis von Getreidearten in Wellensittichfutter: Glanz (30 %), Silberhirse (25–30 %), Plata- oder Senegalhirse (20 %), Japanhirse (10 %), Rote oder Bluthirse (5 %), Nackthafer (5 %), Negersaat, Leinsamen oder Hanf (5 %).

☐ Immer möglichst frisches Futter anbieten. Neues, den Tieren noch fremdes Futter, das nicht sofort gefressen wird, mehrmals reichen.

☐ Die Futterschale täglich von Spelzen reinigen und wieder bis zum Rand auffüllen.

☐ Die Futterzusammensetzung nicht plötzlich ändern, sondern allmählich umstellen, indem altes mit neuem Futter gemischt wird.

☐ Futterreste überprüfen, um nicht angenommene Getreidearten in der Mischung durch andere zu ersetzen.

zu 25 Prozent im Futter enthalten sein. Bei Schau-Wellensittichen kann dieser Anteil auf 50 Prozent – während der Brut sogar noch höher – steigen. In den meisten handelsüblichen Mischungen ist Glanz zu etwa 30 Prozent und damit in ausreichender Menge enthalten. Ausnahme: Auch bei Jungvögeln sollte der Glanz-Gehalt etwas höher liegen. Ihre noch weichen Schnäbel werden mit den einfach zu schälenden Körnern besser fertig – und ihre Mägen mit dieser leicht verdaulichen Nahrung ebenso.

Futterringe, Knusperstangen oder Herzchen: Sie alle bestehen aus handelsüblichen Futtermischungen, die mit einer Zuckerlösung oder Honig in Form geklebt werden. Wichtig sind sie vor allem wegen ihres hohen Beschäftigungswertes.

Fressen aus der Schaukel: Wellis sind von allem, was sich bewegt, fasziniert.

HIRSE-ARTEN ▶ Neben Kanariensaat gehören verschiedene Hirse-Arten in den Körner-Cocktail, Vorrang hat dabei die **Silberhirse** (Anteil im Futter etwa 30 Prozent). Sie besteht aus großen runden, gelblich bis silbrig-weißen Körnchen. In hervorragender Qualität wird sie vor allem aus den USA nach Europa importiert. Sie gilt als die für Wellis beste und bekömmlichste Hirseart.

Von etwa gleicher Qualität ist die graue **Japanhirse** (Anteil ca. 10 Prozent). Auch sie ist bekömmlich und besitzt ein dem Glanz und der Silberhirse etwa entsprechendes Verhältnis zwischen Proteinen, Kohlehydraten und Fetten im Nährstoffgehalt – trotz ihres unscheinbaren Aussehens. Weitere 20 Prozent der Futtermischung sollten aus den kleinen, runden Körnchen der **Platahirse** bestehen. Sie ist besonders preiswert und besitzt (wie auch die anderen Arten dieses Getreides) den höchsten Gehalt an Kohlehydraten in der Futtermischung, dafür allerdings den geringsten an Proteinen.

Und die sind wichtig, weil nur über sie dem Vogelkörper die diversen Aminosäuren, verantwortlich für das zu seinem Aufbau notwendige Eiweiß, zugeführt werden können. Glanz und Hirsearten liefern

Spaß mit Grünzeug: Wellis knabbern gern an frischen Blättchen – gesund ist's außerdem!

Geeignete und ungeeignete Frischkost für die Wellis

Geeignetes Grünfutter, Gemüse, Obst

Unbehandelte Blattsalate, geraspelte Möhren und Zucchini, frische Erbsen, junge Maiskörner (grob geschrotet), Chicorée, Mangold, Spinat, Vogelmiere, Hirtentäschelkraut, Löwenzahn, Petersilie, Borretsch, Fenchel, Zaunwicke, Sauerampfer, Klee (nur wenig – Oxalsäure!), Erdbeeren, Apfel-, Bananen- und Traubenstücke. **Achtung:** Keine dieser Pflanzen darf gespritzt, chemisch behandelt oder einem durch Autoverkehr (Abgas-Ablagerungen!) belasteten Standort entnommen worden sein. Abwaschen allein reicht nicht!

Ungeeignete Nutz- & Zierpflanzen

Alle Kohlarten, alle Hülsenfrüchte (außer jungen Erbsen), Tomaten (umstritten), Paprika, Auberginen, Gurken (im Übermaß), Zitrusfrüchte, Rhabarber, unreife Kartoffeln, Avocados (umstritten), Pflaumen, Eibenzweige und deren Früchte (z. T. umstritten), Wolfsmilcharten, Fingerhut, Rittersporn, Loorbeerbaum, Weihnachtsstern, Lobelien, Efeu, Dieffenbachia-Arten, Oleander, Zierspargel-Beeren, Fensterblatt, Flamingoblume, Hyazinthen, Korallenstrauch, Narzissen, Christusdorn.

mit dem hohen Kohlehydratanteil (bis zu 60 Prozent) nur Zucker und Stärke, die das Tier dann in Energie verwandelt. Kalorienreich aber ist die Welli-Mischung zur Genüge für die in Menschenhand oft unterbeschäftigten, gelangweilten Tiere. Gelegentlich werden noch andere Hirsearten unter das Futter gemischt: **Goldhirse** aus Marokko ist sehr hartschalig und für Jungtiere ungeeignet. Die gelbe **Senegalhirse** eignet sich gut und ist bei den Vögeln beliebt. Die rötlichen **Dakota**- und **Mohairhirsen** dagegen sind weniger empfehlenswert. Im Fertigfutter tauchen die

Körnchen aber oft auf, weil sie mit ihren bunten Farben dem Käufer Vielfalt signalisieren sollen.

EIWEISSHALTIGE SAATEN ▸ Eiweiß, die wichtigen Proteine, finden die Wellis nicht nur in Glanz (Eiweißgehalt etwa 15 Prozent), sondern vor allem auch in **Hanf** (Faserhanf, also die THC-arme Sorte) und in **Negersaat** (Eiweißgehalt bis zu 18 Prozent). Dennoch dürfen diese sehr kalorienreichen Ölsaaten nur in geringen Anteilen – höchstens bis zu 5 Prozent – im Futter enthalten sein: Die Vögel werden sonst viel zu dick. Das Gleiche gilt für Fütterung mit geschältem **Hafer**, dessen Wert allerdings in seinem hohen Vitamin-E-Gehalt liegt. Dieses Vitamin ist notwendig für die Bildung von Samenfäden und Eiern.

▶ Keimfutter

Allein vom „täglich Brot" aus Körnern und Samen kann auch ein Welli nicht gut leben. Er braucht es nur, weil sein Organismus keine Fastenpausen verträgt: Nach gut 20 Stunden ist der Inhalt selbst eines gut gefüllten Kropfes durch den Magen gegangen; kommt dann kein Nachschub, stirbt das Tier – es verhungert.

Ein Blick ins Wellensittich-Leben in Australien zeigt jedoch: Harte Körner, die geschält werden müssen, machen nur einen geringen Anteil der Welli-Nahrung aus – nur wenige Monate stehen sie den Vögeln in Australien zur Verfügung. Viel wichtiger ist im Rest des Jahres heranwachsendes Futter: Körner unterschiedlichen Reife- oder besser Unreifegrads, dazu noch Rispen, Knospen, Grünfutter und Obst.

MEHR ALS NUR ERGÄNZUNG ▶ Frisches Grünfutter kann den Vögeln auch bei uns geboten werden. Besonders geeignet: Keimfutter. Das sind Saaten – von Soja- über Mungo-Bohnen bis zu Sprießkorn-Weizen und Sprießkorn-Hafer, Rettich, Disteln und andere Samenmischungen aus dem Zoofachhandel, Reformhaus oder Fachhandel. Dort finden sich auch die geeigneten Keimungsschalen, in denen die Sprösslinge hygienisch heranwachsen. Bei der Ankeimung besonders in der heißen Jahreszeit ist auf absolute Sauberkeit und Hygiene zu achten. Schimmel, Fäulnis oder Versäuerung gefährden das Leben der zarten Tiere. Sind die gekeimten Sprossen ein bis zwei Zentimeter lang geworden, können sie den Vögeln zusätzlich zur Körner-Pflicht als Grünzeug-Kür

angeboten werden. In ihnen stecken stets mehr Vitamine – vor allem B_2 und E – als in den ungekeimten Körnern. Außerdem sind nicht nur die Vitamine, sondern auch die im Keim enthaltenen Spurenelemente und Mineralstoffe durch Fermente bereits so aufgeschlossen, wie Wellis das brauchen.

Dieses Zusatzfutter, das eigentlich jedem Wellensittich ganzjährig geboten werden sollte, ist im Winter ganz besonders notwendig. In dieser an Obst und frischem Grün armen Zeit beugen die Keimlinge Mangelerscheinungen vor, sie vitalisieren und stärken das Immunsystem der Tiere. Wichtig ist dies auch für brütende und fütternde Vögel, ebenso als Rekonvaleszenzhilfe bei erkrankten und mausernden Wellensittichen.

▶ Frischfutter – Abwechslung auf dem Speiseplan

Auch das haben die Wellis aus der großen und riskanten Freiheit ihrer Heimat mitgebracht – die Sehnsucht nach frischem Grün, nach Zweigen voller Knospen und nach Obst. Diese gesunde Abwechslung muss nur richtig serviert werden.

Keimfutter ganz einfach: Mit Keimbox und Körnermischung aus dem Zoofachhandel und etwas Wasser sprießt schon nach wenigen Tagen frisches, gesundes Grün.

TIPP

Honigkräcker sind ein Leckerbissen, auf den Wellis „flliegen". Dennoch höchstens ein- bis zweimal pro Woche anbieten: Honig oder eine Zuckerlösung, mit der die Nahrungskörner verkleben, enthält für die Tiere überflüssige Kalorien. Ergebnis: Sie werden viel zu schwergewichtig.

Leckereien und Nahrungsergänzung mit hohem Beschäftigungswert für Wellis: Honigknabberstangen, Hirsekolben, Knusperringe, Sittichkeks, Sepiaschale und Kalkstein.

Was Menschen ihnen dabei aus dem Garten, vom Spaziergang oder aus dem Laden bieten können, hat Doppelfunktion. Es ergänzt die Nahrung um wichtige Vitamine und beschäftigt die Tiere noch dazu: Frischkost ist also nicht nur unverzichtbarer Vitamin- und Mineralienlieferant, sondern nötige Abwechslung, die Spaß macht.

ÄSTE UND ZWEIGE ▸ Das fängt mit den Ästen an, die in Käfig und Voliere als Sitzstangen dienen. Sie sollten möglichst von Obst- und anderen Laubbäumen stammen und viele Knospen tragen, damit die Klettervögel auch daran knabbern können. Weide und Pappel, Linde, Birke, Hollunder, Haselzweige und alle Kernobst-Arten sind geeignet, im Frühjahr auch frisch austreibende Nadelhölzer. (Vorsicht bei Eiben, auch wenn viele Wellensittich-Halter versichern, dass das Gift dieser Pflanze ihren Vögeln nichts antue. Eine Zusammenstellung giftiger Pfanzen finden Sie im Kasten auf Seite 30). Grundsätzlich nicht geeignet sind alle Gartensträucher, deren Blätter, Blüten oder Früchte auch bei Menschen Vergiftungen hervorrufen können, also zum Beispiel Forsythien, Seidelbast oder Tollkirsche.

Ungiftige Zweige sind gesund, weil sie den Vögeln bereits aufgeschlossene Mineralstoffe und Spurenelemente in ihrer Rinde bieten – und in den Knospen besonders viele wertvolle Wachstumsfermente und Hormone. Dazu haben sie – unter gesundheitlichem Aspekt betrachtet – einen weiteren Wert, weil sie den Tieren zur Schnabel- und Krallenpflege dienen.

FUTTER FÜR DIE SEELE ▸ Unschätzbar aber ist der Dienst, den Zweige und Äste als Sportgeräte und zur Beschäftigung der meist unterforderten Wellis leisten. Die Vögel turnen an ihnen, spielen mit Blättern, werfen mit abgeknabberten Ästchen und finden in einer ansonsten eintönigen Umgebung immer wieder neue Ausgucke in ihrer kleinen Welt.

Dazu kommt, wir erinnern uns: Die in ihrer Heimat grünen Vögel mögen grünes Laub – auch in der Fremde. Das gibt ihnen die Sicherheit, die wir Menschen Geborgenheit nennen. Die Bezeichnungen sind verschieden – das Gefühl das gleiche.

OBST UND GEMÜSE ▸ Grünes spielt aber auch sonst eine wichtige Rolle im Welli-Leben. Grünfutter (geeignete Pflanzen im Kasten auf Seite 30) ist wertvolle Ergänzungsnahrung für die Vögel, die mit täglich zwei Teelöffeln voller Körner zwar durchaus überleben, aber eigentlich nur dahinvegetieren würden. Auf den Speisezettel gehören neben Gartenkräutern – wer nicht selber anpflanzt, behilft sich mit Petersilie vom Wochenmarkt – auch Wildpflanzen aus der Natur. Vogelmiere und Löwenzahn stehen ganz vorne an. Und natürlich Obst und Gemüse.

Zu berücksichtigen ist dabei, dass Wellis zwar typische Papageienschnäbel haben – die Weibchen meist sogar noch kräftigere als die Männchen –, aber dennoch mit sehr hartem Gemüse oder sehr festem Obst nicht fertig werden. Schon starke Weintraubenschalen können diesen kleinen Scheren zu viel Widerstand bieten.

Macht Spaß, aber auch satt – deshalb nicht im Übermaß anbieten: Honigkräcker in Ringform, mit Saat beklebt.

WELLIGERECHT MUSS ES SEIN ▶ Wichtig: Bei jedem Angebot von Frischkost auf Herkunft und Sauberkeit achten. Stark gedüngtes oder gar gespritztes Grünzeug, das auch für Menschen nicht gesund ist, kann für Wellis tödlich sein. Im Winter deshalb z.B. auf Zuchtsalat, der wahrscheinlich aus dem Gewächshaus stammt, verzichten.

Einen Ersatz dafür kann – übrigens nicht nur in dieser Jahreszeit – eine kleine Vogelwiese bieten, in einer Pflanzschale oder einem Blumentopf selbst angesät. Geeignete Saat dafür sind diverse Getreide und keimfähige Welli-Futterarten.

Bereits zahme Wellis kann auch ein scheinbar für Menschen gefüllter Teller mit Obst- oder Gemüsestückchen zum Naschen verführen. Die neugierigen Kleinpapageien sind manchmal wie Kinder: Alles, was sie eigentlich nicht dürfen, lockt sie besonders. Allerdings: „Richtige" Menschennahrung gehört nicht in den Vogelschnabel – zu gewürzt, zu fett, zu heiß und deshalb stets ungesund.

FUTTER RICHTIG ANBIETEN ▶ Obst und Gemüse sollten Sie raspeln, grob schroten oder in Spalten und Scheiben schneiden, die sich auch gut zwischen die Gitterstäbe der Voliere klemmen lassen. Weicheres Obst (etwa Banane, Beeren, Melone) und Gemüse (etwa Kürbis oder Zucchini) kann in Würfel geschnitten in einer Schale angeboten werden. Niemals einfach auf dem Käfigboden verstreuen.

Waschen Sie Obst und Gemüse immer sorgfältig, eventuell sogar schälen (Möhren oder Äpfel zum Beispiel). Reichen Sie Futter nie direkt aus dem Kühlschrank, sondern lassen Sie es auf Raumtemperatur erwärmen. Verwelkte Blätter und Faulstellen großzügig wegschneiden. Füttern Sie kein angeschimmeltes Obst oder Gemüse. Schimmelpilze können bereits ihr zunächst nicht sichtbares Wurzelgeflecht weit in den Fruchtkörper getrieben haben. Nicht alle Vögel nehmen Frischnahrung sofort an, wenn sie sie noch nicht kennen gelernt haben. Verzichten Sie dennoch nicht auf das Angebot. Mischen Sie zunächst eine kleine Portion des gewohnten Körnerfutters mit einem geriebenen Apfel oder zerquetschten Erdbeeren, um die Tiere auf den Geschmack zu bringen.

Kolbenhirse: Für viele Wellis begehrtes Futter, Lieblingsspielzeug und eine stets lockende Belohnung.

Wie viel Futter soll's denn sein?

Täglich: Keimfähiges Körnerfutter, pro Vogel etwa zwei Teelöffel voll in jeden aufgehängten Futternapf. Wellensittiche brauchen für ihren sehr aktiven Stoffwechsel mehrmals täglich einen kleinen „Imbiss", deshalb muss immer Futter zur Verfügung stehen. Dazu ausreichend sauberes Frischwasser.

Wöchentlich: Mehrmals frische Zweige, Obst, Grünfutter und Kolbenhirse.

Nach Bedarf: Kalkstein oder Sepiaschale, Vogelsand, evtl. ein Vitaminpräparat.

▶ Nahrungsergänzung

Dazu gehören natürlich auch Leckerbissen wie Honigkräcker und Knabberkekse. Für die Ernährung der Tiere haben sie einen umstrittenen Wert, zur Unterhaltung dienen sie allemal. Dennoch: Nur sparsam anbieten, denn diese Kalorienbomben machen aus schlanken Wellis schnell dicke, runde Federbällchen.

MINERALIEN ▶ Wichtiger sind als Nahrungsergänzung aber vor allem Kalksteine und Sepiaschulpe. Die Tiere entnehmen daraus einen Teil ihres Bedarfs an Mineralsalzen und Spurenelementen. Zusätzlich zur Grundnahrung decken sie damit ihren Kalzium- und Phosphorbedarf. Beide erfüllen noch eine weitere Aufgabe als Wetzsteine, an denen der jährlich um 2,5 Zentimeter wachsende Schnabel abgeschliffen wird. Nützt sich dessen Keratin nicht allein durch ein ausgewogenes Angebot von Grundnahrung, Grünzeug und Ästen ab, müssen die Überlängen vom Tierarzt gekürzt werden.

Kalksteine zur Vorbeugung, obwohl industriell hergestellt, sind dabei empfehlenswerter als das Naturprodukt Sepiaschale. Weibchen in Brutstimmung werden durch die Schulpe häufig so angeregt, dass sie in Legenot geraten können.

LEBENSWICHTIGER SAND ▶ Als sehr wichtige Nahrungsergänzung hat im gewissen Sinn auch der in Voliere und Käfig eingestreute Vogelsand aus Quarz und anderen Mineralien zu dienen. Die in ihm enthaltenen kleinen Steinchen, gemahlenen Muschelschalen und Kalksteinbröckchen, Grit genannt, werden aufgepickt. Sie helfen im Magen durch Reibung beim Zerkleinern des Körnerfutters, dienen der Abnutzung der Krallen und tragen zusätzlich noch zur Deckung des Mineralbedarfs bei. Deshalb niemals „Sandteppiche", Kartonagen mit aufgeleimtem Grit, als Bodenbelag für den Käfig verwenden.
Leider wird dieser Unfug noch immer gelegentlich angeboten, genauso wie verschiedene „Geheim-Medizinen", zum

Beispiel die so genannten „Sprechperlen". Das sind Körnchen, die mit einer stark lezithinhaltigen Substanz ummantelt werden. Lezithine sind fettähnliche Stoffe, die als „nervenstärkende Hirnnahrung" gelten, weil sie unter anderem auch im Nervengewebe von Mensch und Tier vorkommen. Wellis allerdings machen sie eher dick – und nicht plapprig. Wie ein Welli zum Sprecher wird, lesen Sie auf S. 65.

JOD ▶ Sinnvoll dagegen ist die von manchen Fertigfutter-Herstellern vorgenommene Anreicherung der Mischung mit Jod. Dieses Halogen – in der Natur kommt es in geringen Mengen überall vor, am meisten in Algen und Meerwasser – dient der Vorbeugung vor Schilddrüsenerkrankungen: Da Wellis zur Kropfbildung neigen, ist Jod für sie unverzichtbar.

VITAMINE ▶ Dass Wellis Vitamine und Minderalstoffe brauchen, ist unbestritten. Nicht ganz einig sind sich Züchter und Wissenschaftler aber, ob eine Zusatzversorgung der Vögel mit diesen Stoffen nötig ist. Einige halten bei regelmäßiger Fütterung mit Obst, Grünzeug und einwandfreier Körnermischung die Vitamin- und Mineralstoffversorgung für ausreichend. Andere, darunter der Zoologe, Verhaltensforscher und Wellensittich-Halter Dr. Immanuel Birmelin, sind für zusätzliche Multivitamingaben. Sein Argument: „Im Grünfutter werden die Vitamine gleich nach der Ernte abgebaut." Daher könne niemand sicher sein, ob der Vogel auch genügend davon erhält. Deshalb also einmal pro Woche das Trinkwasser am besten mit einem süßlichen Multivitaminpräparat aus dem Zoofachhandel oder der Apotheke in vorgegebener Menge anreichern.

Überdosiert werden sollte diese Zufuhr nicht – manche Vitamine können dann auch schädlich wirken. Leidet der Vogel allerdings an Verdauungsstörungen, ist dadurch auch die Fähigkeit, Vitamine durch die Darmwand aufzunehmen, beeinträchtigt. Nach Rücksprache mit dem Tierarzt können während dieser Zeit erhöhte Vitamingaben richtig sein. Leichte Durchfallerkrankungen heilen übrigens durch ein paar Krumen medizinischer Kohle, unter den Vogelsand gemischt, meist von selbst.

Handzahm durch Leckerbissen: Knabberspaß vertreibt die anfängliche Scheu.

Aufmerksamen Wellis entgeht nichts: Wo erst nur einer turnt, findet sich bald der Nächste auf der Strickleiter ein. Und schnell sind sie zu dritt.

▶ Wasser, das Lebenselixier

Für Tiere, deren Lebensraum ein trockener, heißer Kontinent ist, spielt das Wasser eine ganz besondere Rolle. Es bestimmt ihr Leben und ihren Lebensrhythmus. Für Wellis in der Obhut des Menschen gilt: Wasser immer und regelmäßig! Zum einen natürlich im Trinknapf, zum anderen aber auch im Badehäuschen. Auch hier dient es nicht nur dem Vergnügen, sondern auch als Nahrungsmittel. Wellis planschen nicht nur im Badewasser, sondern heben auch mal mit dem Unterschnabel einen Drink daraus.

QUALITÄT UND FRISCHE ▶ Wasser darf also nicht aus der Regentonne oder dem Gartenteich geschöpft, sondern nur einem kontrollierten Brunnen oder dem städtischen Netz entnommen werden – in der gleichen Qualität, die auch Menschen beanspruchen. Ein Problem dabei: Viele Wasserwerke chloren das Trinkwasser im Übermaß. Das macht sich nicht nur im Geschmack bemerkbar und ist nicht allein für Menschen ungesund, sondern in weit höherem Grad auch für die zarten Vögel. Die Empfehlung deshalb: Leitungswasser solcher Qualität erst einige Stunden abstehen lassen, damit ein gewisser Chlor-Anteil daraus entweichen kann, bevor es die Vögel trinken oder darin baden.
Selbstverständlich müssen sowohl Bade- als auch Trinkwasser mindestens einmal täglich frisch gereicht werden. Sind die Näpfe verunreinigt, sind sie sofort zu säubern und neu zu füllen: In wenigen Stunden kann sich die – gerade noch – tolerierbare Verunreinigung von etwa 100 Keimen pro Kubikzentimeter Flüssigkeit durch Kotreste oder Gefiederstaub schon auf zehn- bis hunderttausende Keime in der gleichen Wassermenge steigern. Ein Beispiel aus der Forschung: Nach 24 Stunden wurde – Verursacher war ein nur leicht darmverstimmter Vogel – schon einmal eine Zunahme auf 450.000 Bakterien pro Kubikzentimeter beobachtet.

▶ Fitness durch Futter

Neben seinem Nährwert erfüllt Futter bei gut gehaltenen Wellensittichen auch eine weitere Funktion: Spielerisch die Vögel fit und gesund erhalten. Sie sind Tiere in Menschenhand, die ihnen die Sorge um die Nahrungsbeschaffung abnimmt. Damit entfällt ein Großteil des Zwangs zur Bewegung: Fliegen, Klettern, Suchen und Probieren sind für die so Umsorgten eigentlich überflüssig geworden. Rumsitzen aber ist langweilig – und es macht dick.
Da lässt sich Abhilfe schaffen: Wellis sind neugierige Hausgenossen. Sie beobachten, was um sie herum vorgeht. Und sie sind begeistert, wenn sie selbst auf eine neue Futterquelle stoßen. Deshalb: Mehrere flache Futterschalen auf einer größeren Unterschale im Flugbereich verteilen, zunächst nur in Sichtweite des Käfigs.

FUTTERSUCHE MACHT SPASS ▶ Bald haben die intelligenten Tiere gelernt, dass sich das ihnen angeborene Suchverhalten auch im Zimmer lohnt. Nach wenigen Tagen werden sie deshalb von sich aus auf der Suche nach solchen „versteckten" Nahrungsquellen durch ihr Revier streifen. Im Angebot können dabei sowohl Körnerfutter als auch Obst- oder Gemüsenahrung und Kolbenhirse sein. Von Leckerbissen ist abzuraten: Deren Kalorienreichtum würde den Trimm-dich-Effekt dieser Unterhaltung sofort zunichte machen.
Ganz besonders figurfreundlich ist eine „Vogelwiese", angesät in einer flachen weiten Schale. Sie lockt die Tiere zum Ausflug auf die Fensterbank oder ins Regal. Fehlt Ihnen der „grüne Daumen" oder die Geduld, auf die ersten Hälmchen zu warten, so können Sie es auch mit einer Schale Katzengras aus dem Zoofachhandel versuchen. Die Wellis werden an den jungen, zarten Halmen knabbern, durch sie hindurchstolzieren und oben im Saatsubstrat liegende, angekeimte Körnchen futtern. Nur scharren tun sie nicht. Ihre Greiffüßchen mit den zwei nach vorn und zwei

TIPP

Viele Wellis entwickeln Vorlieben für bestimmte Samen, die in der Gesamtmischung enthalten sind, und lassen andere liegen. Das kann zu einer einseitigen Ernährung mit zu viel Fetten, Eiweiß oder Kohlehydraten führen. Reduzieren Sie in diesem Fall das Gesamtangebot, damit die Vögel alle Körner fressen müssen.

An einer solchen Strickleiter wird Futtern zur Fitnessübung.

nach hinten gerichteten Zehen sind für diese Beschäftigung nach Amsel- oder Spatzenart nicht vorgesehen. Deshalb auch immer entleerte Kornhüllen und Spelzen aus den Futtertrögen entfernen: Zu sehr tief darunter verborgener Nahrung wühlen sich Wellis nicht vor.

FUTTERPLATZ MIT AUSSICHT ▶ Eine auf einem erhöhten Platz stehende Futterschale ist schnell zum idealen Luginsland für die Augentiere geworden. Besonders

wenn daneben noch ein in T-Form gekreuzter Ast – sicher befestigt oder in einem schweren Topf mit Sand oder feinem Kies verankert – als Hochsitz zum Ausschau halten einlädt. Keine Sorge übrigens, dass durch solche zusätzlichen Futterquellen die Vögel zu Vielfraßen werden. Artgerecht gehaltene Wellensittiche – anders als die meisten Hunde und viele Katzen – überfressen sich nicht an ihrer gewohnten Nahrung, sondern nur an besonders appetitanregenden „Leckerlis".

LANGEWEILE MACHT DICK ▶ Nur extrem gelangweilte Vögel machen aus Fressen einen Hauptberuf – als Ersatz für eine andere sinnvolle Beschäftigung, die ihnen fehlt. Das heißt für Sie als Wellensittich-Halter also, den kleinen Vögeln so viel Abwechslung wie nur möglich zu bieten. Das können immer wieder neue Spielzeuge sein, frische Äste zum Beknabbern, ein Wellensittichspielplatz oder einfach schwer zugänglich aufgehängtes Futter. So wird Fressen nicht zur sinnlosen dick machenden Dauerbeschäftigung.

Den kleinen Bissen für zwischendurch brauchen Wellis aber auf jeden Fall immer wieder. Ihr hoher Grundumsatz – noch gesteigert durch viel Bewegung – und der rege Verdauungsprozess machen stete Nahrungszufuhr zur Pflicht: Nur wenige Vögel können – anders als Säuger und Reptilien – fasten. Außerdem haben gesunde Wellis eine Körpertemperatur zwischen 42,0 und 42,4 °C. Da muss schon regelmäßig nachgeheizt werden.

Gründlicher Hausputz bei den Wellis

„Wenn man sich mit der Haltung (…) von Wellensittichen beschäftigen will, ist eine zweckmäßig gebaute Anlage notwendig, sonst (…) macht [die tägliche Arbeit] im Endeffekt keine Freude mehr.“

Theo Vins, 1993

oder die Voliere. Es sollte von Anbeginn einen festen Platz in der Wohnungsumwelt haben – Wellis, wie die meisten Vögel, betrachten ihre nächste Umgebung als das ihnen gehörende Revier. Auf Veränderungen ihrer gewohnten Umwelt reagieren sie mit Stress und Frust, ähnlich wie Katzen, deren Lebenswelt sich unerwartet geändert hat. Katzen antworten dann mit stinkenden Urinspritzern, Wellis sind ganz einfach verstört.

Schwer zu reinigendes Mobiliar wie dieses Hanfseil muss regelmäßig ausgetauscht werden.

► **Das Zuhause der Wellensittiche**
Wellis brauchen Frischluft, Futter, Wasser, Beschäftigung und ein wenig Freiheit beim Rundflug durch die Wohnung – allein dies Angebot schon macht sie zu zufriedenen Vögeln. Und sie brauchen in der relativen Fremde einer Wohnung ein vertrautes Heim, in das sie zurückkehren können, das Sicherheit bietet und eventuell einen Platz zur Kinderaufzucht. Dieses Zuhause im engeren Sinne ist ihr Käfig

DER STANDORT ► Mehrere Anforderungen muss der Ort erfüllen, an dem das Welli-Haus einen dauerhaften Platz findet – aus Sittich- und Menschensicht:
► Er soll hell sein, aber ohne direkte Sonneneinstrahlung.
► Er muss warm sein, aber nicht direkt an oder – noch schlimmer – über einer Heizung liegen.
► Die Raumluft darf nicht zu trocken, aber auch nicht zu feucht sein. Und sie soll

Ideal für Wellensittiche: Unregelmäßig gewachsene Äste als Sitzstange. Sie sollten so dick sein, dass sich die Krallen beim Umgreifen nicht berühren.

TIPP

Statt Sitzstangen und Knabberspielzeug der Vögel häufig mit Reinigungs- und Desinfektionsmitteln zu behandeln, lieber öfters austauschen – insbesondere die Sitzstangen, die am besten ohnehin aus der Natur stammen sollten. Vor dem Einsatz von Desinfektionsmitteln unbedingt den Tierarzt befragen.

zugfrei sein. Zugluft zwischen Tür und Fenster verursacht Erkältungen – tödlich für die Vögel.

▸ Ganz wichtig aber: Käfig oder Voliere müssen so platziert sein, dass Menschen der Zugang jederzeit leicht möglich ist – zum Füttern, zum Wasserwechsel und zur Reinigung. Da darf der Käfig weder zu niedrig noch zu hoch stehen. Das eine mögen die Sittiche nicht, das andere macht Menschen den Zugang zu schwer. Schließlich sind sie für den Hausputz bei den Wellis verantwortlich.

▸ Außerdem sollte der Käfig mit dem Rücken zur Wand so stehen, dass er seinen Bewohnern sowohl einen Überblick über die Umgebung als auch Rückzugsmöglichkeiten bietet.

▸ Fensterbänke bieten den Vögeln zwar einen Ausblick in die interessante Welt jenseits von Gittern und Scheiben. Ideal sind sie dennoch nicht: Ihnen fehlt die rückwärtige Wand, die Sicherheit bedeutet. Außerdem kann die Verglasung im Winter zu viel Kälte und im Sommer zuviel Wärme abstrahlen.

▸ Nicht geeignet ist auch ein Platz auf elektrischen Küchenmaschinen – Kühlschrank oder Geschirrspüler: Die gelegentlichen Erschütterungen darin beunruhigen die Tiere.

VORAUSDENKEN ▸ All das klingt schwieriger, als es ist. Nur: Diese Anforderungen müssen bedacht sein, um Unbequemlichkeiten für die Menschen und Gesundheitsgefahren für deren fliegende Hausgenossen von vornherein auszuschließen. Dazu gehört übrigens auch, dass ein Sittichheim nicht direkt neben oder über einem Fernseher stehen darf: Zwar ist noch umstritten, ob die Strahlenemission aus dem Gerät den Tieren schaden kann, sicher aber raubt der abendliche Fernsehlärm den Wellis die Nachtruhe, die für sie meist schon mit dem Sonnenuntergang beginnt.

Vor dem Einschlafen zwitschern die Vögelchen noch leise, murmeln und plappern miteinander – beruhigende Geräusche, mit denen sie sich bei einbrechender Dunkelheit der Gegenwart des anderen

Bequemer für den Menschen: leicht zu reinigende Rundhölzer.

PLÄTZE MIT AUSSICHT ▶ Auf Käfig oder Voliere lässt sich auch ein Freisitz montieren. Selbst gebaut oder im Fachhandel erworben, stellt er eine sinnvolle Erweiterung der möglichen Aufenthaltsorte für die Tiere dar – neben dem schon erwähnten Vogelbaum. Plätze dafür sollten immer so gewählt werden, dass den Wellis von dort aus intensiver sozialer Kontakt mit den Menschen in der Wohnung möglich ist. Nur so entwickelt sich aus einem Nebeneinander Freundschaft und aus Gewöhnung Zutrauen.

▶ Auch Wellis wollen Ordnung

Dennoch: Auch sehr zahme Wellis bleiben Gewohnheitstiere. Sie vertrauen auf Abläufe, die sie kennen gelernt haben, und orientieren sich an der Routine. Feste Futterzeiten gehören genauso dazu wie feste Reinigungstermine, bei denen sogar die Reihenfolge der Arbeiten stets die gleiche sein sollte, um die Tierchen nicht durch ihnen unvertraute Handlungen zu erschrecken. Reinigung und Pflege betreffen beim Welli ausschließlich das Vogelheim, dessen „Mobiliar" und die nähere Umgebung (Ausnahme: Krallen- und Schnabelpflege bei mangelnder Abnutzung). Für körperliche Sauberkeit sorgen die Vögel selbst: Sie putzen sich – und den Partner – mit Hingabe, übrigens nicht nur der Hygiene wegen, sondern auch als soziale Geste, die Frieden stiftet und Zuneigung ausdrückt, vergleichbar dem „grooming" bei Affen.

An Reinigungsarbeiten gewöhnte Wellis werden beim Hausputz wahrscheinlich aus dem Käfig fliegen oder auf den nächst erreichbaren Freisitz klettern. Bei ängstlichen oder neu eingezogenen Tieren, die in der Sicherheit hinter den Gittern bleiben wollen, deshalb besonders vorsichtig und ohne schnelle Bewegungen vorgehen. Reden Sie dabei mit leiser, beruhigender Stimme auf die Tiere ein.

versichern. Die schwedische Autorin Selma Lagerlöf hat in ihrem „Nils Holgersson" in eben diesem Sinn die Rufe im Nebel fliegender Wildgänse wunderschön übersetzt: „Ich bin hier. Wo bist du?"

ABWECHSLUNG IN MASSEN ▶ Der erste Standort des Welli-Heims muss keineswegs auch der endgültige sein. Haben sich die Vögel erst einmal eingewöhnt, dann kennen sie auch die Topographie der Wohnung – aus ihrem Blickwinkel vom Käfig aus und aus der Vogelperspektive während des Freiflugs.

In dieser Situation empfiehlt Dr. Immanuel Birmelin sogar einen gelegentlichen Standortwechsel. Die Begründung: In der Wohnung fehlen Umweltreize, denen die Sittiche in der Natur ausgesetzt sind. Das Tier aber braucht Abwechslung: „Langeweile ist Gift für seine Psyche, Abwechslung aber hält ihn fit." Allzu häufig sollte dennoch nicht gewechselt werden: Neben den positiven Stress durch eine neue Erlebniswelt tritt sonst der negative – Panik aus Orientierungslosigkeit.

Vogelsand, angereichert mit Muschel-, Kalk- und medizinischen Kohleteilchen.

▶ Reinigungsplan

Täglich: Futter-, Wassernäpfe und Badehaus reinigen (heiß, eventuell in der Spülmaschine, dann mit klarem Wasser nachspülen), abtrocknen und wieder auffüllen. Aus dem Käfig (Voliere) alle verstreuten Nahrungsreste entfernen, vergilbtes Grünfutter genauso wie angegangenes Obst und Gemüse. Kot und Abfälle aus der Einstreu auslesen, ebenso ausgefallene Federn. Verunreinigte Sitzstangen putzen, besser gegen neue Äste tauschen.

Wöchentlich: Käfig- und Volierengitter mit heißem Wasser putzen (eventuell mit einem sanften Desinfektionsmittel angereichert; Tierarzt befragen). Einstreu komplett erneuern, alle Freisitze (Vogelbaum, Vogelwiese, Käfigdach) reinigen. Außenvolieren gründlich ausharken und ausputzen.

Nach Notwendigkeit: Spielzeug, Vogelbaum, Freisitze, und Vogelwiese erneuern (Vogelwiese stets auf Vorrat neu ansäen). Bei Außenvolieren den Boden desinfizieren.

Auch der Vogelbaum muss sauber sein. Angehängte Futternäpfe deshalb täglich reinigen und den Baum nach einiger Zeit austauschen.

▶ Für Sauberkeit bei Wellis sorgt der Mensch

Wellensittiche betreiben zwar hingebungsvoll Körperpflege, für die Sauberkeit ihres Heimes hat aber der Halter zu sorgen. Da gibt es einiges zu tun:

▶ Zunächst die Futter- und Wasserschalen sowie das Badehäuschen herausnehmen, reinigen und außerhalb des Käfigs wieder auffüllen. Verwelkte, verdorrte oder angebräunte Obst- und Gemüsereste entfernen. Alles Spielzeug aus dem Käfig nehmen, mit warmem Wasser abspülen und trocknen.

▶ Die Sandschale aus dem Käfig ziehen, idealerweise ist das nach vorne hin möglich. Bei anderen Modellen den Käfigüberbau mittels der dafür vorgesehenen Klammern aus der Unterschale lösen. Den Sand von Kot und Futterresten sowie Federn befreien, bei stärkerer Verschmutzung ganz auswechseln. Unsaubere und nasse Einstreu bildet einen idealen Nährboden für Keime und Pilze. Sand als wichtige Quelle von Mineralstoffen und Spurenelementen, dazu noch als Lieferant der kleinen Mahlsteinchen als Verdauungshilfe im Muskelmagen der Wellis, muss stets hygienisch einwandfrei sein. Einfaches Durchsieben reicht nicht, zumal dabei auch die wertvollen Partikel wie Grit oder Kohle herausgefiltert werden.

▶ Nehmen Sie auch die Sitzstangen heraus und wischen Sie sie mit einem nassen Lappen gründlich ab, besser noch, Sie tauschen sie einfach gegen frische Äste aus. Auch das Käfiggitter abwischen, angetrockneten Kot entfernen, an diesen Stellen besonders gründlich reinigen.

LOHNENDER AUFWAND ▶ Eine halbe bis eine Dreiviertelstunde dauert die ganze Prozedur. Sie lässt sich auf zwei Arbeitsgänge pro Tag verteilen – einer am Morgen, einer abends. Einige dieser Putzpflichten sind auch nicht täglich nötig und können – je nach Verunreinigung – auf die Woche verteilt werden.

Schönes Spielzeug ist manchmal schwer zu reinigen – dann besser austauschen als ein Risiko eingehen.

Um der Gesundheit der Tiere willen sind sie alle unbedingt notwendig. Wellis sind zwar robuste Vögel, aber aus der Freiheit nicht an einen Daueraufenthaltsort mit sich allmählich sammelndem Abfall gewöhnt. Verrottende Futter- und Gemüsereste verursachen schnell Krankheiten.

Zügig und leicht gehen diese Arbeiten bei herkömmlichen Vogelkäfigen von der Hand. Ein solches Vogelheim ist relativ klein und übersichtlich. Schwieriger wird es dann schon bei Innenvolieren, ganz besonders aufmerksam aber müssen Außenvolieren gewartet und kontrolliert werden: Dort drohen im Boden nicht nur Mikroorganismen – Pilze, Sporen, Bakterien –, sondern auch Milben und zusätzlich besondere Schädlinge: Mäuse und Ratten.

▸ Hygiene in der Außenvoliere

Wer einmal eine Freifluganlage für Vögel im eigenen Garten betrieben hat, weiß es: Das darin üppig angebotene Futter lockt die kleinen Nager wie ein Hühnerstall den Fuchs. Schutz dagegen, Einbruchsicherheit also, muss deshalb schon beim Bau berücksichtigt werden – am besten durch eine doppelte Verspannung mit engmaschigem Gitterdraht an den Außenseiten. Gegen wühlende Nager müssen die Außenfundamente mindestens 80 Zentimeter tief in den Boden eingelassen werden.

Der Boden der Voliere kann entweder aus ungedüngter Naturerde mit einer Graseinsaat oder aus grobem Kies mit größeren Trittsteinen bestehen. Manche Züchter schwören auch auf einen leicht geschrägten und sorgfältig geglätteten Betonboden, der sich einfach abspritzen lässt. Vogelsand kann darauf gestreut oder in einer Extra-Schale gereicht werden. Gelegentlich muss ein natürlicher Volierenboden entweder umgegraben und dabei desinfiziert oder sterilisiert, abgeflammt oder mit einer Druckluftspritze gereinigt werden. Bis zu 30 Zentimeter Tiefe können sich

Körperpflege in Vollendung: An Hals und Kropf geht's los, dann wird der Flügelansatz durch den Schnabel gezogen ...

Körperpflege mit sozialem Sinn: Ein Welli durchkämmt die Nackenfedern seines Gefährten. Diese Stelle kann er nicht selbst mit dem Schnabel erreichen.

Vorteil: Trotz des Mehraufwands bei der Putzarbeit fällt diese leichter, weil nicht mehr auf so engem Raum hantiert werden muss. Auch das ist einer der Gründe dafür, bei der Anschaffung „nur" eines Käfigs unbedingt auf möglichst große Maße zu achten. Die notwendige „Möblierung" mit Näpfen und Sitzstangen engt dann das ohnehin nicht sonderlich geräumige Zuhause der Vögel noch zusätzlich ein. In einer Voliere dagegen nimmt solches Zubehör kaum Platz weg. Von einem Ende zum anderen, längs, quer oder diagonal, ist Raum für freien Flug. Und der Hausputz darin ist schnell getan.

darin Krankheitserreger ansiedeln. Soweit dabei chemische Produkte – Reinigungs- und Desinfektionsmittel, Herbizide, Pestizide oder Fungizide – verwendet werden, sollten Sie vorher unbedingt den Tierarzt befragen, welche Produkte für Wellensittiche geeignet sind. Vögel reagieren schon auf geringste Mengen von Chemie.

GROSSES IST LEICHTER ZU REINIGEN ▶
Die Größe und Begehbarkeit einer Außenvoliere oder eines größeren Flugraums in der Wohnung bietet noch einen anderen

▶   Reinigungsmittel
Sauberkeit und – falls durch eine Erkrankung notwendig geworden – auch Hygienemaßnahmen mit Desinfektionsmitteln gehören zur richtigen Welli-Haltung unbedingt dazu. Jedoch Vorsicht bei der Anwendung: Auch Reinigungschemikalien sind Gifte; sie sollten nur in Absprache mit dem Tierarzt und nach Dosierungsanweisung verwendet werden. Die kleinen Vögel sind äußerst empfindlich. Der Grund dafür ist das geringe Körpergewicht der kleinen Vögel.

... das Bauchgefieder wird gereinigt, und wenn's jetzt noch juckt, helfen zur Not auch die eigenen Krallen.

Nach Abzug von Knochenmasse und Muskelgewebe bleiben für jedes Organ – winzig klein, aber so hoch entwickelt wie bei Säugetieren – nur wenige Gramm übrig. Eine massive Attacke von außen überfordert schnell das sensible chemische Gleichgewicht im Vogelkörper: Ein Leberchen tut sich dann besonders schwer beim Entgiften, und jedes Drüschen ist rasch geleert bei der eiligen Abgabe von Botenstoffen zum verstärkten Aufbau des Immunsystems. Und die Vogellunge gibt ganz schnell auf, wenn zu viel Tabakrauch den Raum durchzieht.

Trotzdem muss Chemie, besonders wenn Tiere in größerer Zahl in einer Außenvoliere leben, leider eingesetzt werden. Das Welli-Gesetz, das in der Unendlichkeit Australiens Sicherheit vor Sauberkeit der Umwelt stellt, die ohnehin nur jeweils kurz bewohnt wird, hat in Menschenhand seine Gültigkeit verloren. Die Enge auch

Wellensittiche sind Meister in der Federpflege

Täglich mehrere Stunden bringen die Vögel mit Putzen ihres Gefieders zu, bei Wellensittichen die zeitraubendste Tätigkeit nach Fressen und Schlafen. Nach Abschluss vieler Aktivitäten leiten Wellis eine neue Beschäftigung häufig mit erneuter Federpflege ein.

Für den Gefiederputz sind Wellis gut ausgestattet. Aus der an der Oberseite des Schwanzansatzes liegenden Bürzeldrüse entnehmen sie ein ölhaltiges Sekret, mit dem jede Feder geglättet, entstaubt und gefettet wird.

Fast jede Körperpartie kann ein Welli durch Vor- oder Rückbeuge von Kopf und Oberkörper erreichen. Der Kopf lässt sich dabei um 180° drehen.

der größten Voliere erfordert der hohen Belastung wegen eben ganz besondere Pflegeansprüche darin. Das bedeutet Nachdenken, Mehrarbeit – trägt aber seine Belohnung in sich: Nirgendwo sonst zeigen Wellis so viele ihrer natürlichen Verhaltensweisen wie in einem artgerecht gestalteten, großen Freigehege.

▶ **Bömbchen entschärfen**

Übrigens: Keine Angst vor den kleinen Welli-Häufchen. Wenn sie auch Brutstätte schädlicher Keime werden können, sobald sie liegen bleiben, so harmlos sind sie, wenn sie fallen. Kot gesunder Wellensittiche trocknet schnell – und die kleinen Kleckse hinterlassen kaum Flecken.

Weggeräumt werden müssen sie dennoch. Da kommt dem „Welli-Butler" eine Eigenheit seiner Pfleglinge sehr entgegen: Die Vögel entleeren sich meist kurz vor dem Start zum Flug oder gleich nach der Landung. Haben die Tierchen für beides einen oder mehrere Lieblingsplätze, lässt sich darunter leicht ein Tablett oder eine Schale mit Sand aufstellen. Schon können die „Bömbchen" schnell und hygienisch entschärft werden, die Wellis im Flug niemals fallen lassen. Nur sitzend entleeren sie ihren Darm und das in der Regel etwa vier- bis fünfmal pro Stunde. Einzige Ausnahme: brütende Weibchen. Sie verlassen im letzten Moment zur Entleerung das Gelege im Nistkasten, und schon der nächste Sitzplatz wird zur Toilette. Manchmal – wenn's eilt – kann das dann auch das Ausflugloch der Kastenwand sein.

▶ **Wenn Federn fliegen – die Mauser**

Fast immer schwebt etwas durchs Zimmer: Goldgelb, grünlich oder blau – Wellis

Kurz vor dem Start und nach der Landung: Achtung – jetzt können Welli-Bömbchen fallen.

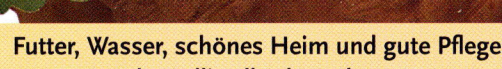

verlieren auch ohne Mauser öfter mal ein paar Flaumfederchen. Sie sind klein und lassen sich leicht aufsammeln, können aber für Allergiker zur Belastung werden, genauso wie der Federstaub, den die Wellis beim Schütteln ihres Gefieders in die Umwelt entlassen. Asthmatiker z. B. sollten sich deshalb nur nach Rücksprache mit ihrem Arzt für die Haltung von Wellis entscheiden.

Die Belästigung durch Flaumfedern und Federstaub ist gering, wenn auch die Folgen immer wieder beseitigt werden müssen: Haustiere, auch Wellis, machen nun mal ein bisschen Dreck. Kommt's freilich zu extremem Staub und Federflug, stimmt möglicherweise etwas mit den Haltungsbedingungen nicht: Allzu trockene Zimmerluft kann dafür verantwortlich sein.

ABLAUF DER MAUSER ▶ Anders verhält es sich mit dem natürlichen Federwechsel, der Mauser. In der Freiheit Australiens tritt sie gewöhnlich gegen Ende einer Brutperiode auf. Das ist praktisch: Der Jungen wegen sind die Vögel ohnehin noch am Weiterzug gehindert. Die andauernden Regenfälle, die meist das Brutverhalten ausgelöst haben, garantieren jetzt Nahrung ohne die Anstrengung weiter Versorgungsflüge. Auf Kurzstrecken flatternd fällt das Handicap des Federwechsels nicht so ins Gewicht. Ist der Regen ausgeblieben, reichen auch jahreszeitliche Klimaschwankungen aus, um den Federwechsel anzuregen.

Ohnehin geht der niemals so weit, dass die Tiere durch Federverlust völlig flugunfähig werden. Schließlich liegt ihr Heil in der Flucht und dem Verbergen vor Räubern. Nackte Wellis könnten beides nicht mehr. Etwas „schütter" sehen sie freilich

Futter, Wasser, schönes Heim und gute Pflege: Was gesunde Wellis alles brauchen

☐ Wellensittiche kommen aus einem heißen Kontinent. Für Knochen- und Federbildung brauchen sie Sonne, um den wichtigen Kalziumstoffwechsel anzuregen und das Anti-Rachitis-Vitamin D zu produzieren. Käfig oder Voliere müssen deshalb so gestellt werden, dass die Vögel jederzeit zwischen einem sonnigen oder einem schattigen Platz wählen können.

☐ Wellensittich-Käfige und -Volieren müssen so gebaut sein, dass sie leicht zu reinigen sind. Jede unzugängliche Ritze und Spalte birgt für Wellis das krank machende Risiko, dass sich in ihr Krankheitserreger ansiedeln können.

☐ Wellensittiche sind robuste Vögel, die mit den klimatischen Risiken ihrer Heimat vertraut sind. Hohe, aber auch tiefe Temperaturen halten sie meist gut aus. Gefährlich werden ihnen jedoch kalte Dauerfeuchtigkeit und kaltfeuchte Zugluft, Wetterphänomene, mit denen sie sich in ihrer Evolution in Australien nie auseinandersetzen mussten.

☐ Wellensittiche können in Freiheit aus einem Angebot von mehr als 20 Nahrungspflanzen auswählen, deren einzelne Teile – Samen, Blüten, Knospen, Blätter, Fruchtstände, Rispen – ihnen in jedem Reifezustand zur Verfügung stehen. Ihre Ernährung muss deshalb auch in Menschenhand ähnlich und darf nicht nur aus Körnern zusammengesetzt sein.

☐ Noch einmal sei gesagt, weil es besonders wichtig ist: Wellensittiche sind Schwarmvögel mit starkem Wander- und Bewegungstrieb. Eine Einzelhaltung dieser Tiere in einem engen Käfig ist nicht artgerecht. Wellis brauchen Freiflug und mehrere Gefährten, die von Menschen nur schwer und mit sehr viel Zeitaufwand ersetzt werden können.

**Ein Blick über die Schulter:
Aufmerksam und neugierig
schaut sich dieser Vogel um.**

und andere Milben werden, lästig für Menschen, gefährlich für die Sittiche selbst, die von einigen dieser Schmarotzer tatsächlich bis aufs Blut geplagt werden können. Hygiene – und zuvor eine wohlüberlegte Einrichtung von Voliere oder Käfig – schaffen Abhilfe.

MAUSER BEDEUTET STRESS ▸ In aller Regel überstehen gut gehaltene und richtig ernährte Wellis die anstrengende Mauser ohne jede Schwierigkeit. Nur ältere, kränkelnde und geschwächte Vögel zeigen Anzeichen des damit verbundenen Stresses. Sie wirken matt, unlustig und unsicher. Ihnen sollte in Absprache mit dem Tierarzt eine spezielle Mauserhilfe (im Fachhandel erhältlich) im Futter den Neuaufbau des Gefieders erleichtern: Mineralsalze, vor allem mit Phosphor- und Kalzium-Anteilen, sind darin enthalten.

Das „Abfallprodukt" der Mauser, die Federn, sind stets zu beseitigen, auch wenn der betroffene Vogel nicht die jährliche Gesamtmauser, sondern, was vorkommen kann, nur eine kleine, saisonale Zwischenmauser gezeigt hat. Ausführlicheres zu medizinischen Aspekten der Mauser finden Sie am Ende des Buches.

trotzdem aus. Jetzt sind es auch nicht mehr nur die kleinen Flaumfedern, die wie Pusteblumenschirme durchs Zimmer schweben. Nun erneuern sich nach und nach auch die großen Flügel- und Schwanzfedern. Bis sie vollständig ersetzt sind, kann es Wochen dauern.

Einmal jährlich mausern erwachsene Sittiche auch in Menschenhand, Jungvögel etwa ab dem dritten Lebensmonat. Beibehalten haben sie die australische Überlebensregel: Niemals alle Federn auf einmal wegwerfen, immer nur so viele, dass die Flugfähigkeit erhalten bleibt.

Dass dann dennoch etwas mehr Reinigungsarbeit anfällt, versteht sich. Federn müssen möglichst rasch entfernt werden. Sie können sonst zum Versteck und Nest für Haarwürmer, Federlinge oder Vogel-

▸ Was bleibt noch zu tun?

Mit Bedacht gekauftes, gut verwahrtes Grundfutter – also nie zu viel, zu lange, zu warm oder feucht lagern – und im Blick auf ihre Funktionalität eingerichtete oder gebaute Käfige und Volieren sind Grundlage für die richtige Haltung, Ernährung und Pflege der kleinen Papageien. Viel Verständnis und ein wenig Sachverstand sollten dabei sein: Beides wächst dem aufmerksamen Welli-Halter, der seine Vögel genau beobachtet, übrigens erstaunlich schnell, fast wie von selbst zu. Mit einer bewährten Überlebensregel aber sollten es auch Sittich-Besitzer halten: Wenn alles getan ist, bleibt immer noch etwas zu tun.

Wer mit Haustieren zusammenlebt, kann immer wieder Überraschungen erleben. Auch Wellis verstehen sich darauf, gelegentlich ihre Besitzer mit Unerwartetem zu konfrontieren. Darauf vorbereitet zu sein ist wichtig. Aber die eine oder andere Überraschung macht ja auch den Reiz der Wellensittichhaltung aus.

ERSATZKÄFIG ▶ Geschehen kann einiges: Bisher gut miteinander verträgliche Vögel streiten plötzlich. Bislang treu sorgende Mütter und Väter beginnen ihre Jungen aus der bisher gemeinsam genutzten Umwelt wegzujagen. Ein eben noch gesunder Vogel zeigt plötzlich Anzeichen einer Erkrankung. Ein neu hinzukommender Sittich kann nicht sofort in die bestehende Gruppe integriert werden.

Für alle diese und viele weitere Fälle empfiehlt es sich, stets einen, besser sogar zwei Ersatzkäfige in Reserve zu halten, um zunächst einmal Störenfriede oder Neuankömmlinge isolieren und beobachten zu können. Für Patienten gibt es im Fachhandel sogar spezielle Krankenkäfige. Sie besitzen nur an der Vorderseite ein Sichtgitter und können von oben mit einer Rotlichtlampe erwärmt werden. Für Züchter, aber auch Besitzer einer größeren Zahl von Wellis ist dieses Minikrankenhaus sinnvoll.

VOGELNETZ ▶ Zweckmäßig ist auch der Kauf eines Vogelnetzes, mit dem handscheue Tiere jederzeit in der Wohnung oder der Voliere eingefangen werden können. Volieren sollten übrigens deshalb auch keinen Flugraum bieten, der höher als 2,50 oder maximal 3 Meter reicht. Ansonsten bietet er für Sie unzugängliche Stellen, was spätestens bei einem Notfall große Schwierigkeiten bereitet.

Geeignete Vogelnetze ähneln Schmetterlings- oder Fischfangnetzen. Sie sollten möglichst engmaschig und tief sein. Sie dürfen niemals hastig und mit heftigen Bewegungen zum Fang eingesetzt werden. Wellensittiche merken sich wie alle Papageienvögel alles, was je dazu gedient hat, ihre Freiheit zu beschneiden – greifende Menschenhände genauso wie heftige Netzfuchtelei. Auf diese Art lassen sie sich ein zweites Mal kaum mehr fangen.

SCHONENDE FANGMETHODE ▶ Deshalb: Einen in der Wohnung entflogenen Vogel niemals in Dauerhatz mit dem Fangnetz verfolgen. In aller Regel wird das Tier von selbst sein Zuhause wieder aufsuchen. Tut es das nicht, einfach den Abend und die Dunkelheit abwarten. Das Tier wird sich einen Schlafplatz für die Nacht suchen: Von dort kann es mit dem Netz leicht wieder eingefangen werden. In verdunkelbaren Räumen lässt sich der Einbruch der Dunkelheit auch leicht mit einem Dimmer künstlich erzeugen.

Keine Sorge: Ersatz- oder Krankenkäfig, Fangnetz oder ein Reservesatz von Wasser- und Futternäpfen sind Vorsichtsmaßnahmen für die wenigen kleinen oder größeren Notfälle, die vielleicht einmal eintreten können, aber nicht müssen. Wichtig ist nur, dafür gerüstet zu sein. So viel Vorsicht gehört zur richtigen Haltung und Pflege von Wellensittichen dazu.

TIPP
Wellis, die sich an einen fremden Raum ohne Gardinen vor den Fenstern gewöhnen müssen erst einmal tagsüber bei geschlossenen Jalousien und Kunstlicht fliegen lassen. Die Rollläden beim nächsten Ausflug spaltweise öffnen, um die Vögel durch das nun in scharfen Balken hereinbrechende Tageslicht an die Begrenzung durch die Fenster zu gewöhnen. Diese Übung wiederholen Sie etwa eine Woche lang täglich. Wenn die Vögel wieder in ihren vertrauten Käfig zurückkehren sollen, nehmen Sie die Helligkeit bei immer noch geschlossenen Läden mit Hilfe eines Dimmers zurück.

Wellis sind stets voller Spieltrieb und Tatendrang. In der Wohnung dürfen deshalb keine Fallen und Gefahren lauern.

Wellensittichleben – die Sonne führt Regie

▸ Touristen ohne Gepäck

In ungeheuren Scharen zogen sie noch Mitte des neunzehnten Jahrhunderts durchs Innere Australiens: Wellensittiche, die Nomaden, deren einziges Gepäck in ihren Genen ruht – seit Jahrtausenden ererbtes Wissen über Landschaft, Klima und die Flora ihrer Heimat. Heute sind die Schwärme kleiner, aber so wie einst bestimmt nur der Sonnenstand ihre Route.

▸ Überleben in Stationen

Halt macht der Zug der Tausenden, wenn die Ebene drunten wirtlich erscheint, Wasser bietet und frisches Grün. Dann lösen sich die eben noch gewandt und massenhaft wie Stare Ziehenden in kleine Gruppen und viele Einzeltiere auf: Wieder ist eine Etappe ihrer Reise erreicht, eine der zehn oder zwanzig Stationen, auf die sich das eigentliche Wellensittich-Leben und Überleben in Freiheit verteilt. Dazwischen ist nur der Weg, doch nie ist er das Ziel: Allein die Hoffnung auf Ankunft treibt die Vögel.

▸ Wandlung in der Etappe

Dann geschieht es: Aus Reisegefährten werden plötzlich nette Nachbarn, und Flugartisten verwandeln sich in kletternde Baumbewohner, die nur gelegentlich mit leichtem Flügelschlag oder gleitend wie eine Wachtelschar mit sichelartig nach unten gekrümmten Schwingen die Umgebung erkunden. Das Faszinierendste aber: Der große Schwarm hat sich in seine

kleinsten Einheiten zerlegt: Tausende von treuen Paaren. Aus forschen Fahrensleuten werden nun sesshafte, sanfte Eltern. Jetzt suchen Wellensittich-Weibchen nach Baumhöhlen, um demnächst Kinder aufzuziehen. Aber noch offenbaren sie ihr ganzes Wesen, für das die Sonne den Takt angibt. Schon bei Tagesanbruch, vor der Mittagshitze, brechen sie zur Nahrungssuche auf ins Umland. Strahlt ihr Lebensstern dann senkrecht herab, sind sie längst wieder daheim – in den alten Bäumen, die hier entlang des Creeks gewachsen sind. Sie murmeln vor sich hin: beruhigende Töne

von Nest zu Nest. Aus einer voranstür-
menden Reisegesellschaft sind kleine
Wohngemeinschaften ohne Aggressionen geworden. Wellensittiche wahren
den Frieden in ihrer WG. Streit um
besonders attraktive Nisthöhlen dauert
nie lange. Dass Nachbars Eingang und
den eigenen nur Zentimeter trennen,
wird niemals zum Problem.

▶   **Genuss und Tod im Nass**
Auch trinken können sie nun: aus
Creek oder Viehbrunnen. Dorthin
schwärmen die Massen immer wieder.
Bei großer Hitze ein Spaß mit Risiken: Fünf Tonnen toter Sittiche fischte
ein Rinderfarmer im Jahr 1931 aus
einer steilen Tränke. Die Vögelchen
hatten sich gegenseitig unter die Oberfläche gedrückt: Sie kannten nur die
flachen Ufer der Flüsse.

Was ein Wellensittich
alles kann

„Farbenpracht, zierliche Bewegungen, gewandtes Klettern und geschicktes Fassen der Nahrung, die Leichtigkeit, sich fremde Töne und Geräusche anzueignen, sowie der sich kundgebende Nachahmungstrieb machen die geistig hochstehenden Tiere zu angenehmen Gesellschaftern und haben schon längst einen Vergleich mit den Affen nahegelegt."

Dr. William Marshall, 1889

▶ Die Vögel mit den vielen Talenten

Als der Leipziger Universitätsprofessor William Marshall mit einer Festschrift über „Die Papageien" dem Dr. Eugene Rey, Vorsitzender des Ornithologischen Vereines der Messestadt, zur Silberhochzeit gratulierte, schlug er nach beim alten Brehm. Der hatte die Richtung vorgegeben, als er schon 1866 notierte: „Papageien sind befiederte Affen."

Er betrachte sie als die „höchststehenden Vögel", schrieb er weiter, weil sie sich durch eine gleichmäßige Entwicklung aller Sinnesorgane auszeichnen: „Bei ihnen ist kein einziger Sinn verkümmert und kein einziger auf Kosten der anderen in auffälliger Weise entwickelt."

Ganz stimmte das nicht – im Licht moderner Forschung gesehen. Allein aus der Menschenperspektive betrachtet lag der Alte jedoch richtig: „Wir erkennen den Affen im Papagei erst dann, wenn wir ihn geistig kennen gelernt haben." Und so sind auch Wellis kleine Vögel mit vielen Talenten. Lernen Sie sie kennen – Sie werden beeindruckt sein!

SPIEL MACHT SCHLAU ▶ Wellensittiche haben im Laufe ihrer Evolution ihr auch unter Papageien ziemlich einmaliges Verhalten entwickelt, das sie als Hausgenossen so beliebt macht. Grundlage dafür ist ihre Überlebensstrategie der großen Zahl, aus der sich zwei Charakteristika zweckmäßig ergeben haben: unaggressives Sozialverhalten und dazu die Fähigkeit, nicht für Nahrungssuche oder Brutgeschäft ver-

Die zwei mittleren Krallen nach vorn, die zwei äußeren nach hinten: Welli-Füße sind weniger zum Laufen, sondern vor allem zum Greifen, Klammern und Klettern gebaut.

Wellis sehen die Welt besser, bunter und klarer als der Mensch.

Wellis hören fast genauso gut wie Menschen, nur bei ganz tiefen Tönen müssen sie passen.

Des Wellis wichtigste Ausstattung ist sein Gefieder. Deshalb wird es auch täglich mehrfach ausgiebig geputzt.

wandte Freizeit allein oder miteinander spielerisch auszufüllen. Spiel aber, Verhaltensforscher wissen das, schafft Grips.

EINE GEMEINSAME SPRACHE ▶ Wer Flügel an Flügel mit anderen reist und später Schnabel an Schnabel neben diesen Gefährten haust, kann sich kein Missverständnis erlauben. Kommunikation ist deshalb alles: Nachbarn müssen sicher sein, den Vogel neben sich, dessen Absichten und Bedürfnisse sofort und unzweideutig verstehen zu können.

Wellensittiche haben diese Aufgabe auf zweifache Weise gelöst: durch Körpersprache und durch stimmliche Verständigung. Beide haben wir erst in Ansätzen zu verstehen gelernt. Sicher aber ist, dass diese doppelte Fähigkeit von den Vögeln nicht erlernt, sondern geradezu zwanghaft vererbt wird. Und ebenso zwanghaft wenden sie ihr Sprachrepertoire an: Fehlt der artgerechte Partner, ersetzen Wellis ihn durch den Menschen. Entzieht der sich, tut's schließlich in der großen Not auch ein Spiegel – der letztendlich krank macht. Der Wiener Ethologe Dr. Kurt Kolar schrieb deshalb mit Recht: „Die Einzelhaltung von Papageien, die – vom Wellensittich angefangen – leider immer noch viel geübt wird, ist nichts als eine unbeabsichtigte Tierquälerei."

▶ **Die Welt aus Welli-Augen**

Die Nomadenvögel aus Australien vertrauen zunächst einmal ihren Augen. Schon aus größerer Höhe müssen sie optisch erkennen können, ob ein unter ihnen liegendes Gebiet zu Landung und Verweilen taugt. Am Boden müssen sie dann durch Augenschein geeignete von ungeeigneten Futterpflanzen unterscheiden können. Rechtzeitig müssen sie Feinde erkennen, um fliehen zu können. Und das bei jedem Wetter, ob gleißende Sonne oder trüber Wolkenhimmel. Entsprechend konstruiert sind deshalb ihre Sehorgane.

Szenen einer Welli-Liebe: Zart wird der Kopf gekrault und genießerisch gedreht – keine Stelle soll zu kurz kommen.

ANATOMIE ▶ Der Wellensittich schließt seine Augen mit zwei Lidern, wobei das obere kleiner als das untere ist. Darunter liegt ein drittes Augenlid, die so genannte Nickhaut. Sie bewegt sich – gesteuert von zwei verschiedenen Muskelgruppen – horizontal vor den Augen. Die Nickhaut ist durchsichtig und hat eine Schutzfunktion: Schließt sie sich, kann der Vogel trotzdem sehen, sein Augapfel ist dabei aber gegen Staub oder Wasser geschützt. Ein Sekret aus der dazu gehörenden Nickhautdrüse hält nicht nur die Lider feucht, sondern putzt und ernährt auch die Augenhornhaut.

Die seitliche Anordnung der Augen an beiden Kopfseiten hinter dem Krummschnabel vergrößert das Sehfeld. Zusammen mit der Fähigkeit, den Kopf um fast 180° in beide Richtungen drehen zu können, ermöglicht das einen guten Rundumblick. Links und rechts entstehen dabei zweidimensionale, monokulare Bilder unabhängig voneinander in jedem Auge. Nur nach vorn überlappen sich die Blicke aus beiden Augen zu einem binokularen, räumlichen Sichtbereich, entsprechend dem des Menschen, allerdings viel kleiner.

SEHVERMÖGEN ▶ Wellis erkennen Farben besonders gut: Sogar UV-Strahlen des Sonnenlichts dienen der Wahrnehmung – der Mensch ist dazu nicht in der Lage. Auch deshalb sollten das Sittich-Heim und seine Umgebung farblich so gestaltet sein, dass die Tiere dort sowohl Geborgenheit als auch „sehenswerte" Dinge finden. Und noch etwas an diesen Augen ist bemerkenswert: Während Menschen beim Sehen von etwa zwei Dutzend fortlaufenden Bildern pro Sekunde bereits Bewegung wahrnehmen, brauchen Wellis dafür schon etwas mehr Tempo: Erst bei mehr als rund zwölf Dutzend Bildern pro Sekunde beginnt aus Sittich-Sicht Bewegung zum fortlaufenden Film zu werden. Der Vorteil: Auch in größter Hast nehmen die Vögel jedes Detail wie in Zeitlupe wahr – hilfreich oder gar lebensrettend bei der Erkennung von Feinden.

▶ **So hören Wellensittiche**

Abwärts von den Augen liegen, unter Federchen verborgen und sehr klein, nach hinten gerichtet die runden Öffnungen der Gehörgänge. Wellensittich-Ohren sind

Wem gehört die Petersilie? Warnend pfeift der Erstbesitzer die unerbetene Konkurrenz an.

Nichts für empfindliche Ohren – Wellensittiche können sich durchaus lautstark bemerkbar machen.

Wellensittich-Spiele

Erster Schritt: Vertrauen

Wenn die kleinen Papageien erst einmal ihre neue Umgebung kennen gelernt haben und anfangen, Scheu und Angst zu verlieren, sollte mit der eigentlichen Zähmung begonnen werden. Ihr Ziel ist es, den Tieren jede Furcht vor der menschlichen Hand zu nehmen. Ist das geschafft – bei einem etwa drei Monate alten Wellensittich dauert das selten länger als zwei Wochen –, kann die schöne Zeit der gemeinsamen Spiele beginnen. Übrigens: Einzeln gehaltene Wellensittiche werden nicht zahmer als ein Pärchen oder eine ganze Gruppe.

Geeignetes Spielzeug

Als Spielzeug eignet sich alles, was ungiftig ist und dem starken Welli-Schnabel widerstehen kann oder unschädlich zerkleinert werden darf. Welli-Spiele können auf dem Tisch stattfinden: Fußball zum Beispiel mit Murmeln oder Papierbällchen. Spielen lässt sich auch mit einem Bleistift, der von Menschenhand gedreht wird – Wellis sind Balance-Künstler. Beliebt sind für diesen Zweck auch lässig gespannte oder hängende Naturseile. An ihnen lässt sich turnen und klettern, am schönsten kopfüber. An zwei frei schwingenden Seilen kann ein Ast aufgehängt werden: Fertig ist die Welli-Schaukel. Auf ein gespanntes Seil gehören ein paar hölzerne Wäscheklammern (ohne Klemmdraht). Wellis sind begeistert dabei, sie wieder zu entfernen. Glöckchen werden stets enthusiastisch geläutet. Spaß bringen auch kleine, hölzerne Spielzeugautos: Wellis hocken gern drauf und lassen sich von Menschenhand oder einem Artgenossen schieben.

Vorsicht

Bei Rundflügen durch die Wohnung zeigen die Vögel genau, welches Spielzeug und welche Beschäftigung es denn sein soll. Dabei ist Vorsicht angebracht: Auch wertvolle Bücher und teure Tapeten in Konfetti zu verwandeln macht einfallsreichen Wellensittichen große Freude.

einfach ausgebildet. Dennoch können die Tiere bei einer unteren Hörgrenze von etwa 40 Hz (Mensch: 16 Hz) Töne bis zu acht oder neun Oktaven darüber wahrnehmen. Dies enstpricht einer oberen Hörgrenze von etwa 20.000 Hz – wie auch bei uns Menschen. Im Vergleich dazu hören etwa Fledermäuse das Fünf- und Delphine sogar das Achtfache. Auch Katze (50.000 Hz) und Hund (rund 35.000 Hz) sind für die akustische Wahrnehmung besser ausgestattet. Den Bedürfnissen der Wellis aber genügt das ihnen zugängliche Lautpanorama ihrer Umwelt vollkommen.

ÄHNLICHE HÖRBEREICHE ▶ Dem Zusammenleben mit uns Menschen kommt das Sittich-Gehör geradezu entgegen: Beide bewegen wir uns im selben Wahrnehmungsbereich, die Lautfärbung des einen ist dem anderen deshalb nicht fremd. Die Töne sind nicht zu hoch und nicht zu tief – was der eine von sich gibt, kann der andere gut hören. Diese zufällige Ähnlichkeit ist sicher auch einer der Gründe für den leichten Anschluss, den Wellis an ihren Pfleger finden – und für ihr hoch gerühmtes und häufig missverstandenes Sprachtalent.

▶ Riechen und Atmen – was leistet die Wellensittich-Nase?

Düfte spielen im Sittichleben kaum eine Rolle. Wie bei fast allen Vögeln – mit Ausnahme der Altweltgeier und Kiwis – ist die Nase, das Riechvermögen der Wellensittiche unterentwickelt. Es wird für Informationen aus der Umwelt nicht benötigt. Geruchsrezeptoren fehlen deshalb nahezu völlig im Atmungstrakt. Geschmacksrezeptoren aber sind vorhanden: Versuche ergaben, dass sie süß und bitter genauso unterscheiden wie salzig und sauer. Von Wellis favorisiertes Aroma ist übrigens salzig. Vorsicht deshalb mit Salzfässchen und stark gesalzenen Speiseresten: Die Vögel können kaum widerstehen – ein Zuviel davon führt aber zu Nierenversagen!

LUFT ZUM ATMEN ▶ Gewaltiges leistet dagegen der Atemapparat: Etwa 75 bis 95 mal pro Minute holen die kleinen Vögel Luft. Im Vergleich dazu: Die Atemfrequenz bei erwachsenen Menschen liegt zwischen zehn und 15 Atemzügen pro Minute. Ein kompliziertes Gasaustauschsystem zwischen den symmetrisch angelegten Luftsäcken in Brust und Bauch der Tiere, den Lungengefäßen und dem Lun-

Gestreckt durch die Lüfte: Segelflug nach Wachtelart mit ausgefahrenen Federn als Landeklappen.

Abflug mit vollem Muskeleinsatz: Hier schließt sich das Gefieder, um Luft unter die Schwingen zu bringen.

gengewebe ermöglicht die Sauerstoffaufnahme. Weil die Atemluft durch so viele Organe und Teile des Welli-Körpers streicht, ergibt sich für Menschen die Konsequenz daraus, stets ganz besonders auf deren Sauberkeit zu achten. Nikotin, Staub und Küchendunst sind tödliche Gifte für die Oft-Inhalierer. Sie müssen so häufig nach Luft schnappen, um stets kräftig durchblutete Muskeln zu haben – und um das Kernstück ihres Hochleistungs-Organismus immer funktionsfähig zu erhalten: die Pumpe, das kleine Herz.

DER MOTOR DES LEBENS ▸ Das Wellensittich-Herz ist im Verhältnis zum Körpergewicht fast doppelt so schwer wie bei Säugetieren. Und es leistet Schwerstarbeit. Je nach Anstrengung schlägt es zwischen 240 und 600 mal pro Minute. Bei einem gesunden, leicht belasteten Menschen sind es in der gleichen Zeit 60 bis 70 Schläge. Pro Schlag bleiben dem Welli-Herz nur weniger als 0,2 Sekunden. Es ist also ein kleiner, äußerst leistungsstarker Motor, der das Blut durch die Adern der kleinen Vögel pumpt und sie am Leben erhält.

▸ **In Federn gehüllt**

Noch ein Organ ist ganz besonders wichtig – das größte überhaupt beim Wellensittich wie auch bei allen anderen Lebewesen: seine Haut. Beim gesunden Tier ist nur die Wachshaut auf der Nase und die Schuppenhaut der Füße zu sehen. Alle anderen Körperpartien sind von Federn bedeckt, die immer wieder ausgetauscht werden. Eine Art von allmählicher Erneuerung, die allerdings als radikaler Federwechsel in Freiheit bei Sommerbeginn und in Menschenhand meist im Frühjahr und Herbst über drei Wochen dauern kann – die Vollmauser.

DÜNNHÄUTIGE WESEN ▸ Die eigentliche Vogelhaut darunter, die zusammen mit den Federn der Wärmesteuerung und der Flugfähigkeit dient, ist außerordentlich dünn und trocken. Sie besitzt keine Schweiß- und Talgdrüsen und ihre Geschmeidigkeit wird wahrscheinlich nur über die am Schwanzansatz der Wellis sitzende Bürzeldrüse reguliert. Sie sondert das Sekret ab, mit dem die Vögel ihr Gefieder einfetten, um es wasserfest und staubabweisend zu machen. Diese Substanz scheint aber auch – wie ein körpereigenes Fungizid – Pilze abzutöten und für ein

TIPP

Beim Freiflug in der Wohnung unbedingt alle Türen und Fenster schließen: Ins Freie gelangte Wellensittiche finden nur in Ausnahmefällen zurück. Zum einen kennen sie die Umgebung bestenfalls aus der Wohnzimmer-Perspektive, zum anderen sind Wellis keineswegs standorttreue Tiere, sondern werden sich zunächst einmal in der verwirrenden neuen und ungewollten „Freiheit" aus Angst und Desorientierung verfliegen.

Gefiederpflege ist wichtig: Mehrmals täglich putzen Wellis jede erreichbare Stelle ihres Körpers.

gesundes Milieu der Haut zu sorgen. Die Schweizer Veterinäre Dr. Baumgartner und Prof. Isenbügel wiesen erst jüngst auf diese wichtige Doppelfunktion hin.

▶ Ererbte Fähigkeiten sinnvoll fördern

Die Fähigkeiten, die diese körperliche Ausstattung den Vögeln verleiht, sind keineswegs Luxus, sondern haben sich in der Überlebensstrategie der Tiere als erfolgreich erwiesen. Alle Möglichkeiten, die Anatomie und Sinne bieten, werden in der Freiheit genutzt – sie sollten, soweit möglich, aber auch in Käfig oder Voliere trainiert werden. Zum großen Herzen gehört die schnelle Atmung. Ihren Sinn jedoch findet sie erst in der Bewegung – im Freiflug. Die Augen verlangen nach Abwechslung, die Ohren nach vertrauten Klängen. Die Lungen wollen saubere Luft atmen. Haut und Federn lechzen beim Wechselspiel von Badehaus und trockener Wohnungsluft nach pflegendem Bürzeldrüsensekret.

Artgerechtes Leben in Menschenhand – dazu gehört nicht sehr viel: Der Umgang mit Wellis, wie er hier beschrieben wird, bietet all das, was den ursprünglich auf ein sehr hartes Leben vorbereiteten Tieren das scheinbare Dolce Vita in menschlicher Obhut ohne Leiden angenehm macht. Der Überfluss an Nahrung und klimatischer Sicherheit muss nur durch spielerische Anforderungen ausgeglichen werden.

Dann zeigen die Tiere auch das Verhalten, das einst Brehm zu seinem Affenvergleich und dem Loblied auf den Papagei veranlasste. Der Wellensittich sei „verständig, acht- und bedachtsam, vorsichtig und listig; er unterscheidet sehr scharf, besitzt ein vortreffliches Gedächtnis und ist deshalb der Belehrung in hohem Grade zugänglich, also bildsam; er ist selbstbewusst, stolz, auch mutig; er ist anhänglich, ja hingebend zärtlich gegen geliebte Wesen."

KÖNNEN WELLIS DENKEN? ▶ Wegen solcher und vieler ähnlicher Stellen in seinem Gesamtwerk ist Brehm immer wieder als der große Vermenschlicher der

So macht Spielen Spaß: Unterschiedlicher
Tand hängt an einem Klettergerüst.

► Wellis sprechen mit dem Körper

Menschen sind selbstverständlich im ererbten Verhaltensschema von Wellensittichen nicht vorgesehen. Dass sie sich auf
uns trotzdem so zutraulich einlassen,
zeigt die Flexibilität der Art. Vertrauen
zum Beispiel beweisen besonders junge
Tiere schnell durch eine Landung auf dem
Kopf ihres Pflegers oder dem seiner Gäste.
Das ist eine gute Gelegenheit, den Landeplatz im Haar durch einen dort ausge-
streckten Finger zu ersetzen. Zum einen
der möglichen Entleerung wegen, zum
anderen jedoch, um des Partners Kopf
nicht allein auf seine Bedeutung als Aussichtspunkt zu reduzieren. Wellis sind
lernfähig und kapieren sehr schnell, dass
tolle Landungen in der Tolle nicht jeder-
manns Sache sind. Sympathisch aber sind
sie doch – diese ersten Signale des Zutrau-
ens, auch wenn sie den Menschen zum
Baum machen.

Viel interessanter aber ist jenes Welli-Ver-
halten, das auch in Menschenhand dem
Treiben in Freiheit entspricht. Dabei ist
viel Beobachtungsgabe gefordert. Doch
die lohnt sich allemal, denn sie gibt den
Blick in die Sittich-Seele frei. Welli-Pfleger
sollten ein paar Grundbegriffe dieser nonverbalen Kommunikation erlernen.

Tiere geschmäht worden. Doch seit einigen Jahren werfen auch moderne Wissenschaftler einen ähnlichen Blick auf die
Tierwelt. Sie wagen wieder, die Frage zu
stellen – und zu beantworten –, für die sie
noch vor 50 Jahren verlacht worden wä-
ren: Haben Tiere ein Bewusstsein?

Was Wellensittiche – und auch andere
Tierarten – angeht, hat der Freiburger Verhaltensforscher und Biologe Dr. Immanuel Birmelin diese Frage für sich so gelöst:
Ja, lautet seine Antwort, Wellensittiche
können denken. Er versteht darunter, dass
Sittiche zum Beispiel „ein Problem oder
eine Situation im Kopf durchspielen und
erst, wenn sie das Problem im Kopf gelöst
haben, handeln". Wellis tun das immer
wieder.

KONTAKT MUSS SEIN ► Eine Voraussetzung, die in Ihrer Hand liegt, gibt es aber
dafür: Gesund müssen die Vögel sein –
und zufrieden. Wohlbefinden signalisieren sie übrigens ganz von selbst – durch
Kommunikation untereinander und mit
ihren menschlichen Partnern. Lernen Sie
nun die Wellensittich-Sprache.

Kleine Sittich-Konferenz: Auch
bei Leckerbissen kommt Futterneid nur selten auf.

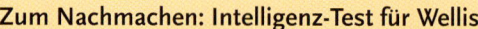

Zum Nachmachen: Intelligenz-Test für Wellis

Zahlenspielerei

Papageien können zählen – möglicherweise sogar bis sechs. Der Kolkrabe Jakob des Verhaltensforschers Prof. Otto Köhler brachte es auf sieben, sein Graupapagei Jako sogar auf acht. Wellensittichen billigt Immanuel Birmelin die Fähigkeit zu, zumindest bis drei zu zählen und dabei jede der abstrakten Zahlen mit einer bestimmten Eigenschaft zu kombinieren. Von Birmelin stammt auch der folgende Intelligenztest, 1996 für seine eigenen Tiere entwickelt.

Farben sehen

In einer Basis-Version testete der Forscher zunächst mit einem Versteckspiel das Farbsehen seiner Vögel. Dazu legte er in einen von zwei völlig gleichen Futternäpfen Körner, den anderen ließ er leer. Die Futterschale mit der Nahrung darin wurde dann mit einem grünen Pappdeckel verschlossen, die leere mit einem roten. Der zu testende Vogel hatte diese Vorbereitungsarbeiten nicht gesehen. Erst jetzt wurde er aufs Spielfeld gesetzt. Birmelin zeigte ihm nun eine grüne Karte, identisch mit der Abdeckung des Futternapfs. Das Erstaunliche geschah. Ziemlich schnell verstand der Vogel die ihm gestellte Aufgabe: Er trippelte zu der grün verschlossenen Schale, schleuderte dort den Deckel beiseite und fand seine Belohnung.

Punkte zählen

In einer erweiterten Version dieses Spiels stellte Birmelin mehrere Näpfchen auf, von denen wiederum nur eines Körner enthielt. Statt die Schalen aber mit farbigem Karton abzudecken, waren diesmal große Punkte wie bei einem Würfel auf die Karten gemalt: einer, zwei und drei Punkte. Darunter verbarg sich die Belohnung. Wieder wurde erst jetzt der Testkandidat geholt. Birmelin zeigte ihm ein Extra-Kärtchen, auf dem auch drei Punkte zu sehen waren. Und wiederum verstand das Tier erstaunlich schnell, hüpfte zu der Schale mit dem gleichen Symbol, entfernte den Deckkarton – und hatte es geschafft: Vor ihm lag, als wohlverdiente Belohnung, das Futter.

Ein kleines Spiel, das auch schlau macht: An einer Schnur wird über eine Sitzstange ein aus Bastfasern zusammengebundener Quast gehängt. Schnell bemerkt ein neugieriger Vogel die Veränderung in seiner Umwelt ...

► Leicht zu verstehen –
der Grundwortschatz

Es gibt einige Verhaltensweisen, mit denen die Vögel ihre Bedürfnisse und Wünsche ausdrücken. Sie sind leicht zu erkennen und zu verstehen – und Sie sollten unbedingt berücksichtigen, was die Tiere Ihnen damit signalisieren.

ICH WILL MEINE RUHE ► Ganz wichtig zum Anfang: Vögel, die ihren Schnabel in den Rückenfedern versteckt haben, wollen ihre Ruhe haben: Jetzt schlafen sie tief und fest und möchten so wenig gestört werden wie eine zusammengerollte Katze. Die Tiere vertrauen auf die Unversehrtheit ihrer kleinen Umwelt. Sie dürfen darin nicht enttäuscht werden.

PASS BLOSS AUF! ► Geschieht das doch, kann es sein, dass sich der Vogel zu Übergröße aufreckt und dabei dennoch nicht die Federn plustert, sondern sie eng anlegt. Das ist eine Warnung, sinnlos zwar gegenüber Menschen, aber bei Aggressionen zwischen Wellis immer wirkungsvoll. „Ich bin kampfbereit", heißt das – und: „Komm mir jetzt bloß nicht zu nahe!"

Eine Vorstufe zu dieser Geste ist nur durch die leichte Knickung der Flügel von der stärkeren Drohhaltung zu unterscheiden. Auch dadurch vergrößert sich optisch der Körper. „Bleib mir vom Leib", fordert das Tier von seinem Gegenüber.

MIR IST WARM ► Breitet der Sittich in durchaus ähnlicher Positur dagegen zusätzlich noch die Flügel weiter aus, teilt er etwas ganz anderes mit: Dem Tier ist zu warm. Ein mitfühlender Mensch wird jetzt den Käfig aus der Sonne nehmen oder im Winter die Heizung um ein paar Grad niedriger drehen.

Ähnlich präsentiert sich ein Vogel, der zwar noch nicht leidet, aber sich auch nicht mehr ganz wohl fühlt. Er spreizt seine Füße auf dem Ast und stellt die Flügel leicht hängend aus. Hechelt er dann noch mit geöffnetem Schnabel, besteht Anlass zu Besorgnis. Zumindest erschöpft ist das Tier, vielleicht aber sogar krank.

DAS GEHÖRT MIR ► Geöffnete oder gar ganz aufgesperrte Schnäbel können freilich auch noch ein anderes Signal aussenden. Geschieht dieses Sperren am Futter-

Ein Vogelbaum als Spiel- und Klettergerüst für die Wohnung: Aus wenig Zubehör lässt er sich leicht selbst bauen. In den Topf gehört etwas Gips oder Zement, um ihn kippsicher zu machen, abgedeckt mit einer Schicht Kies oder Vogelsand.

... und untersucht den neuen Gegenstand. Zunächst mit vorsichtigen Zupfern, dann immer mutiger – bis irgendwann nur noch die Einzelteile übrig bleiben werden.

Natürliche Landehilfe und
prima Klettergerüst in einem.

napf und richtet sich ganz offensichtlich gegen einen Neuankömmling an der Krippe, ist reiner Futterneid der Beweggrund. „Du hier nicht!", lautet die Botschaft. Ein zusätzlicher Trog schafft Abhilfe und Frieden unter den Streithähnen.

KEINE ZUFÄLLE ▸ Alles, was so oder so ähnlich abläuft, nennen Wissenschaftler das „Komfortverhalten" der Wellensittiche. Dabei kann jede Geste, je nach der individuell empfundenen Notwendigkeit oder des Drucks, unter dem das jeweilige Tier steht, mehr oder weniger ausgeprägt werden. Entscheidend ist, dass der Vogel keineswegs zufällig eine bestimmte Haltung einnimmt, sondern durch sie ein Signal sendet.

Putzritual und Liebeserklärung:
Ein Welli krault seinen Partner.

Federpflege ganz persönlich:
Kein Federchen wird ausge-
lassen.

GANZE SÄTZE ▸ Dabei werden häufig Bewegungsabläufe miteinander gekoppelt: Selten nur ist das, was hier beschrieben wird, in absolut voneinander getrennten Handlungen zu beobachten. Übersprünge sind genauso möglich wie Verknüpfungen, die dann natürlich schwieriger zu deuten sind. Der Beobachter also muss sich stets darüber im Klaren sein, dass keine Geste seiner Pfleglinge ohne einen beabsichtigten Sinngehalt ist. Aber gerade das macht die Wellensittich-Haltung ja so reizvoll und spannend.

Schwierig wird die Beobachtung allerdings durch das meist für diese Aufgabe ungeschulte menschliche Auge. Uns erscheinen selbst Vorgänge als ein Verhalten oder eine Handlung, die sich tatsächlich aus vielen Einzelverhaltensweisen zusammensetzen – oder neben einer offensichtlichen Funktion auch noch eine Botschaft vermitteln. Schüttelt ein Wellensittich zum Beispiel sein Gefieder, kann das verschiedene Gründe haben. Der naheliegende: Die Federn werden geordnet und Staub und Schmutz herausbefördert. Meist geschieht dies am Ende einer Phase gründlicher Gefiederpflege. Diese Interpretation fällt nicht schwer.

Liegt davor aber eine längere Ruhephase, signalisiert die Bewegung, dass der Vogel demnächst davonfliegen wird, sich seinem Futter zuwenden will oder einem Spiel. Hat sich das Tier jedoch zuvor bedrängt gefühlt oder geängstigt, zeigt das Federflattern ganz einfach Erleichterung an, weil die scheinbare Gefahr nun vorüber ist. Eine Bewegung – aber drei verschiedene Aussagen, die nur zu verstehen sind, wenn sie im Verhaltenskontext gesehen werden.

▶ Meinungsverschiedenheiten – austragen oder vermeiden?

Zu unterscheiden ist bei der nonverbalen Kommunikation der Wellis auch, ob sie sich an einen bestimmten Adressaten richtet oder ganz allgemein an jeden, der sie wahrnehmen kann, egal ob Artgenosse oder Mensch. Je gezielter eine Botschaft ist, umso präziser trägt der Vogel sie auch vor. Denn schließlich hängt von deren Klarheit auch das angestrebte Ergebnis ab. Ganz besonders gilt das für Drohgebärden und jede Art von innerartlicher Aggres-

Welli-Spielzeug handgemacht – für Menschen wenig Arbeit, für Wellis eine Attraktion zum Knabbern und Klettern.

sion, die zwar grundsätzlich nicht zum Basisverhalten der friedfertigen Krummschnäbel gehört, aber dennoch gelegentlich demonstriert wird.

Im Gegensatz zu anderen Tieren, die gemeinsam in großen Scharen wandern, hat sich bei Wellensittichen nicht die Leitposition eines Alpha-Tiers, eines Leitvogels, entwickelt, wie ihn bei Vögeln zum Beispiel ziehende Gänse oder Hühnervölker kennen. Genauso wenig hat sich ein Territorialverhalten herausgebildet, das Einzeltiere oder ein Paar dazu bewegt, ihr Nest, seine Umgebung oder auch ein gewähltes Futtergebiet gegen fremde Eindringlinge zu verteidigen.

KLEINE RANGELEIEN ▶ Rangordnungskämpfe zwischen Wellis kommen deshalb in Freiheit kaum vor, auch Streit um Futter ist äußerst selten. Die Enge von Käfigen aber – und selbst die relative Weite einer Voliere – kann zu stärkeren Spannungen führen. Erstaunlicherweise selten zwischen Hähnen, sondern häufiger zwischen mehreren Hennen, vor allem dann, wenn einem Paar ein weiteres Weibchen zugesellt wird. Grundlage für dieses Verhalten, das sich gerade in Menschenhand

Immer wieder was Neues: Plötzlich hängt am vertrauten Vogelbaum noch ein Leckerbissen – Anreiz, öfter mal vorbeizufliegen.

intensiviert, ist die Verteidigung unsichtbarer Schranken, die auch frei lebende Wellis errichten.

Diese Grenzen sollen die Partnerwahl und die Nisthöhle dem Einfluss anderer Tiere entziehen. Selten kommt es dabei zu echten Kämpfen: Meist löst der unterlegene Vogel das Problem durch Flucht. In der Voliere oder im Käfig geht das nicht.

Ein paar einfache Spielzeug-Ideen: Kugel und Rolle eignen sich zum Schieben und Balancieren. In der Wanne mit Wasser können Früchte zum Herausfischen schwimmen.

Als Alternative zur Flucht bleibt dann nur der Angriff. Bei einem Streit zwischen zwei Hennen um einen Hahn kann sogar Blut fließen. Dann hilft nur die Trennung der Kombattanten oder das Hinzusetzen eines weiteren Hahns.

ESKALATION VERMEIDEN ▶ Abneigung, sogar kaum getarnte Feindschaft, kann auch zwischen Wellis vorkommen, ohne dass dies deshalb gleich zu Beißereien führt. Die Signale sind leicht zu erkennen: Wellis recken sich, legen ihr Gefieder ganz glatt an den hochgestreckten Körper, strecken die Fußgelenke und stoßen, jetzt schon sehr verärgert, bei geöffnetem Schnabel den typischen Droh- und Alarmlaut aus – ein knappes Stakkato-Gackern.

Aber auch dieses Verhalten weist wieder auf die Friedfertigkeit der Tiere hin. Sie lässt ihnen immer noch die Wahl zwischen zwei Optionen – Attacke oder Flucht, je nachdem, was sich als zweckmäßiger erweisen wird.

Dass bei Wellensittichen dann übrigens die Weibchen häufiger kämpfen als die Männchen, hat auch einen praktischen Grund: Sie besitzen die kräftigeren Schnäbel. Denn sie sind es, die zur Brutzeit die Kinderstube ausmeißeln, wenn sich keine Naturhöhle findet.

▶ Mal laut, mal leise – die Lautsprache der Wellis

Etwa 10 bis 14 Millionen Wellensittiche leben unter Deutschlands Dächern. Die Zahl ist nicht genau zu ermitteln, lässt sich aber annähernd aus den veröffentlichten Umsätzen des Futtermittelhandels und der Zahl der Züchter errechnen. Für die Haltung einer nicht zu großen Zahl der befiederten Untermieter braucht auch ein Mieter keine Erlaubnis des Hausbesitzers. Der Grund: Die Kleinen sind anders als Großpapageien, Katzen und Hunde keine lärmenden Tiere, die Nachbarn auf der Etage durch Geräusche, Gestank und Dreck belästigen könnten – allerdings: Sie sind auch keine Sänger.

Ihr lateinischer Hauptname „Melopsittacus", der melodische Papagei, täuscht da gewaltig: Wellis sind Krächzer und Murmler, ab und zu auch Angst- und Drohschreier. Sie stoßen Laute aus, die für Menschen weder Liedcharakter haben noch eine Bedeutung vermitteln. Für Wellensittiche untereinander sind sie allerdings sehr wichtig.

SANFTE TÖNE ▶ Dennoch können sich Menschen nicht nur an Welli-Töne gewöhnen, sondern dabei sogar entspannen. Vor allem abends, wenn für beide die Schlafenszeit naht. Dann zwitschern die Krummschnäbel sanft und beruhigend. In

So lernen Wellis sprechen

1 **Voraussetzung:** Zwei Voraussetzungen hat dieser kleine Lehrplan. Die eine kann der Mensch beeinflussen: Der Vogel sollte handzahm und möglichst jung sein. Die andere bestimmt das Tier: Es muss Talent mitbringen. Nicht jeder Welli ist zum Redner geboren. Übrigens gelten Hähne als die gelehrigeren Schüler.

2 **Unterricht:** Unterricht findet am besten in den Morgen- oder frühen Abendstunden statt. Der Vogel sitzt dabei auf dem Finger in kurzer Entfernung zum Menschengesicht etwa in Augenhöhe.

3 **Erste Worte:** Nun wird ihm ein erstes Wort vorgesprochen, immer wieder und dann noch einmal. Beste Chancen haben dabei Vokabeln mit vielen A- und I-Lauten. Am besten lernt der Vogel zuerst seinen Namen.

4 **Aus Wörtern werden Sätze:** Beherrscht der Welli seinen Namen, folgt ein zweites Wort, z. B.: die Adresse des Besitzers, zunächst nur die Straße, später die Hausnummer. Danach andere einzelne Wörter. Erst wenn er die alle aufsagen kann, darf der Lehrer zu kurzen ganzen Sätzen übergehen. Etwa 300 bis 500 Wörter kann ein talentierter Welli lernen.

ein Murmeln geht allmählich dieser Chor über: Eingelullt durch die so erkannte Nähe der anderen endet der Welli-Tag, nach viel Stress auch für Menschen eine akustische Erholung. Nichts Friedlicheres und Sanfteres als diese Stimmchen gibt es – und nichts Gesünderes für angestrengte Leute, gar noch mit Einschlafstörungen oder nach einem Herzinfarkt. Mediziner und Psychologen haben das in den letzten Jahren durch Untersuchungen immer wieder bestätigt.

LAUTSTARK IST DIE AUSNAHME ▶ Tagsüber freilich sind Wellis keineswegs so ideale Therapeuten. Da können sie zetern, laut und manchmal auch lange. In der Natur ist dies übrigens ein kaum gezeigtes Verhalten. Dort wäre es nämlich geradezu lebensgefährlich, durch laute Schreie Beutegreifer auf die Welli-WG aufmerksam zu machen. Deshalb geht es dort auch nur piano zu: Bettellaute ertönen aus Kinder- und Hennenkehlen, und Männchen

Karotte am Strick: Für Wellis ein Knabberspiel – und zusätzlich noch gesunde Nahrung.

werben um eine Herzensdame mit Füttergepiepse. Das sind leise, monotone Klänge, zu denen der erregte Freier ein trippelndes Tänzchen um die Angebetete wagt, das dazu noch von vielen devoten Verbeugungen des aufgeplusterten Köpfchens begleitet wird.

SPRECHEN UND VERSTEHEN ▸ Alle diese Gesten, Töne und Handlungsketten haben unter Wellensittichen ihren Sinn. Die Vögel verwenden sie aber auch menschlichen Partnern gegenüber – und die sollten wenigstens ungefähr wissen oder erfühlen, was der Kleine ihnen sagen will.
Das ist immer etwas anderes als das, was er tatsächlich sagt, wenn er denn „sprechen" gelernt hat. Schon Brehm zitiert in der ersten Neuauflage seines Tierlebens einen Welli, der seinen Besitzer mit den Worten „Gott sei Dank, Papa ist krank" zu begrüßen pflegte. Sprechen – das war und ist immer noch das große Faszinosum, das Wellis und andere Papageien auszeichnet. In der englischen Fachliteratur wird ein Welli mit Namen Sparky Williams gerühmt, der acht komplette Kinderlie

der von sich geben konnte und dazu einen „Wortschatz" von mehr als 800 Vokabeln besaß. Die traurige Erklärung für dieses – und andere – Sprachgenies: Sparky war ein einsamer Welli. Verstanden hat er sicherlich keines seiner vielen Worte.

LERNEN – EINFACH NEBENBEI ▸ Oft ist es gar nicht nötig, Wellensittichen einen richtigen Sprechunterricht zu erteilen. Beim intensiven Zusammenleben zwischen Vögeln und Menschen übernehmen „sprachbegabte" Wellis ganz von selbst immer wieder die in ihrer Umgebung gehörten Floskeln ins eigene Lautrepertoire – und schon sprechen sie. Sittichkenner Birmelin warnt vor übertriebenem Lehreifer: „Wellensittiche ahmen die menschliche Sprache nur nach, wenn sie einzeln, das heißt nicht artgerecht gehalten werden. Dies ist meines Erachtens ein zu hoher Preis." Beginnen Wellis aber von sich aus zu „spotten", also Worte nachzuahmen, dann haben die Vögel ihre menschlichen Partner als Gesellschaft akzeptiert: Mit den erst zu lernenden Klängen versuchen sie nun, den Kontakt zu Ihnen vertiefen.

▸ **Das Ziel ist, glücklich zu sein**
Spotten, Sprechen, Zwitschern, Zetern und Murmeln, Gestik und Körpersprache: Fast jede Mitteilungsform hat bei diesen Gesellschaftsvögeln nur

Sprechunterricht: Welli und Frauchen auf gleicher Höhe in Augenkontakt. Frauchen plappert vor, und Schüler Welli hoffentlich bald nach.

Vorsicht beim Freiflug: Wellis nutzen alles als Landeplatz, was sich dafür zu eignen scheint – enge, gefüllte Tassen gehören nicht dazu, das eigene Käfigdach aber ganz bestimmt.

wenig und glätten dort eine widerborstige Feder. Das hat einen hygienischen Sinn, weil es Parasiten und Schmutz entfernt. Viel wichtiger aber ist, dass dieser Liebesdienst auch die Partnerschaft der beiden festigt, Aggression verhindert und Vertrauen vertieft.

Auch Menschen wird dieses Angebot zur Freundschaft durch Körperpflege gemacht. Wellis zupfen dann an Kopf- und Barthaaren oder ziehen ein paar Härchen auf dem Handrücken durch den Schnabel. Erwidert werden kann die Geste, die viel Vertrauen und Zuneigung ausdrückt – der zahme Vogel erwartet das sogar –, durch sanftes Kraulen mit dem Zeigefinger an seinem Köpfchen.

den einen Sinn: Sie wollen Teil einer Gemeinschaft sein, dazugehören, die Nähe sie verstehender Mitgeschöpfe spüren. Bei intensivem Zusammenleben werden Menschen für diesen Zweck genauso akzeptiert wie Artgenossen. Und genau das macht auch den Reiz der Welli-Haltung aus – die fröhliche Selbstverständlichkeit, mit der diese Vögel ihr Leben in das einer Menschenfamilie integrieren.

INNIGE ZUNEIGUNG ▶ Das geht bis zu den intimsten Gesten, die Wellis eigentlich nur füreinander übrig haben – das Kopfkraulen etwa. Da sitzen Henne und Hahn eng zusammen und lassen das Kopfgefieder des anderen langsam durch den Schnabel gleiten, knabbern hier ein

SPIELEN MACHT GLÜCKLICH ▶ Je kleiner die Zahl der im Haushalt lebenden Wellis ist – unter zwei sollte sie aber nie sinken –, umso wichtiger sind solche Gesten der Interaktion zwischen Mensch und Tier. Die intelligenten Vögel erlernen freundliche, spielerische Beschäftigungen mit Menschen sehr schnell – Ballspiele auf dem Tisch zum Beispiel, Suche nach versteckten Leckerbissen oder einfach sanftes Kraulen. Sie sind selbst sehr erfinderisch und schätzen den Ideenreichtum ihrer Menschen. Dann sind sie glücklich – und vermitteln das auch unmissverständlich ihren Menschen.

Regen – nun feiern die Sittiche Hochzeit

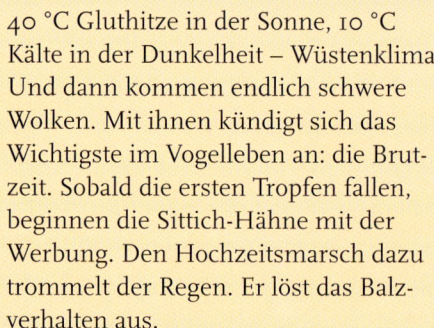

▸ Liebe nach Wetterlage

Die Sonne bestimmt den Alltag der kleinen Sittiche. Ohne lange Dämmerung geht sie am Morgen gegen sieben Uhr auf, kurz vor sieben Uhr abends verschwindet sie genauso schnell: Hier in den südlichen Breiten lässt der nahe Äquator keinen Platz für tiefe Horizonte. Zwölf heiße Stunden hat der Tag, ihnen folgt, fast plötzlich, die genauso lange, kalte Nacht. Temperaturunterschiede bis zu 50 °C müssen die Wellis in diesem Rhythmus verkraften.

40 °C Gluthitze in der Sonne, 10 °C Kälte in der Dunkelheit – Wüstenklima. Und dann kommen endlich schwere Wolken. Mit ihnen kündigt sich das Wichtigste im Vogelleben an: die Brutzeit. Sobald die ersten Tropfen fallen, beginnen die Sittich-Hähne mit der Werbung. Den Hochzeitsmarsch dazu trommelt der Regen. Er löst das Balzverhalten aus.

▸ Ein Partner fürs Leben

Noch ist das Weibchen nicht zur Liebe bereit. Erst das Imponiergehabe des balzenden Hahns bringt sie in Stimmung. Trillernd tänzelt er vor ihr, plustert Kopf- und Brustgefieder, verengt vor Erregung seine Pupillen und klickt mit seinem Schnabel an den ihren. Und dann füttert er sie – das Hochzeitsgeschenk für die Auserwählte.

Nimmt sie es an, verfärbt sich bald ihre braune Nasenhaut ins Dunklere, nun ist ihr Bund geschlossen: Schließlich leben wilde Wellensittiche monogam – nur der Tod beendet ihre Partnerschaft. Das ist rührend in Menschenaugen, aus

Sittich-Sicht aber ganz einfach praktisch: Die kurze Zeit der prallen Fruchtbarkeit in der Natur wird nicht mit langer Suche nach einem passenden Gefährten vergeudet.

▶ Ein Liebesnest für die Jungen

Schnell gehen muss es jetzt auch mit der Wohnungssuche. Erste Wahl sind natürliche Höhlen in alten Bäumen. Sind die schon alle besetzt, zieht die zukünftige Mutter auch in verlassene Niströhren von Bienenfressern, Liesten oder Eisvögeln in einer Uferwand ein. Ist auch da nichts frei, gräbt die Henne sogar einen kurzen Nistgang in den Sand unter Baumstämmen oder Steinen. Die Entscheidung für eine bestimmte Kinderstube trifft stets sie, nur beim Aufspüren einer möglichen Unterkunft darf ihr der Partner helfen. Sie allein putzt auch die Wohnung, glättet, säubert und erweitert sie. Erst dann beginnt sie mit dem Gelege: vier bis sechs Eier im Abstand von zwei Tagen.

So wird
ein Pärchen zur Familie

„Flügge Jungvögel werden noch ein paar Tage von den Eltern gefüttert und sind dann völlig selbstständig.

Ja, sie können bereits im Alter von drei Monaten selbst brüten. Das ist für den harten Lebenskampf in den australischen Trockengebieten unbedingt notwendig."

Dr. Kurt Kolar, 1969

▶ Ganz schnell wird ein Pfleger zum Züchter

Oft fängt's mit einem einzigen Ei an, das über Nacht plötzlich im Sand des Käfigbodens liegt – klein, weiß, oval und knapp drei Gramm schwer. (Eier frei lebender Wellensittiche sind leichter: Sie wiegen nur etwa zwei Gramm.) Richtig erkannt: Das Pärchen ist zum Paar geworden. Bebrütet wird das einsame Ei jedoch nicht: Nur in der Dunkelheit einer Nisthöhle beginnt das Hirn der Welli-Henne den Brutverlauf über Hormone zu steuern. Hängt jetzt aber ihr Pfleger aus Neugier oder Mitleid so einen Kasten in den Käfig, wird er zum Züchter.

Das hat Konsequenzen. Die gesetzlichen gibt der Staat vor: Wellensittich-Zucht muss wie jede Papageienzucht behördlich genehmigt werden. Nach amtstierärztlicher Kontrolle der Vögel und ihrer Unterbringung erteilen Gesundheits- oder Ordnungsbehörde die kostenpflichtige Zuchterlaubnis. Sie berechtigt dann zum Kauf der gleichfalls vorgeschriebenen Fußringe – erhältlich im Fachhandel oder bei den Vereinen – für den Nachwuchs.

ZUCHT BRINGT PFLICHTEN ▶ Dieser Papierkrieg, der in den 30er-Jahren als Schutz gegen die Psittacose, die Papageienkrankheit, eingeführt wurde, ist heute eigentlich sinnlos. Psittakose, eine Art Grippe, die bei Menschen zu tödlicher Lungenentzündung führen kann, wird – inzwischen ist das erforscht – genauso von Haus- und Wildgeflügel, von Tauben und Spatzen übertragen. Viel ernster als diese lästige Pflicht sollte ein Welli-Besitzer aber eigene Überlegungen nehmen: Hat er genug Raum und Zeit für eine wachsende Zahl von Wellis? Hat er tierfreundliche Abnehmer für den Nachwuchs? Viel Verantwortung bedeutet es, den brutfreudigen Tieren Gelegenheit zur Vermehrung zu bieten.

BIG BROTHER BEI WELLIS ▶ Wer allerdings ernsthaft bereit ist, das zu tun, kann mit einer großzügigen Belohnung rechnen: Je mehr Zeit Menschen mit ihren Sittichen verbringen, umso schneller wachsen Einsicht, Verständnis und Interesse an deren Verhalten. Die Freude daran, wie ein teilnahmsvoller Big Brother Einsicht in eine völlig andere Lebenswelt zu haben, wächst. Und nichts darin ist so faszinierend wie der Blick in Wellis Kinderstube.

▶ Vom Pärchen zum Paar

Schon die erste Paarfindung ist beeindruckend. Was in der Wildnis Australiens noch aus Zufall geschieht, ist in Menschenhand allerdings fast immer das Ergebnis einer Auswahl, die nicht ein Vogel, sondern sein Pfleger getroffen hat. Nur in großzügiger Volierenhaltung kann sich ein Welli noch selbst den Lebensgefährten suchen, meist wird er ihm aber einfach zugesellt. Und oft wird dabei sogar eine zuvor schon bestehende oder sich anbahnende Zweisamkeit zerstört, wenn ein Welli aus seinem bisherigen Zuhause in ein neues umziehen muss.

Das könnte eine der Erklärungen dafür sein, weshalb in der Haustier-Linie der Familie Wellensittich die lebenslange Treue

Zeichen der großen Liebe: zärtliches Schnäbeln.

nicht mehr so ernst genommen wird wie bei der Verwandtschaft aus dem Busch: Seitensprünge – vor allem der Männchen – sind in Käfig und Voliere gar nicht so selten. Denn im Gegensatz zur Freiheit kann ein Hahn hier die Futterversorgung der Henne während der Brut mit ganz wenig Aufwand garantieren. Brautschau und Gattenwahl freilich folgen auch hier den Regeln aus der Natur.

SIGNALE VOM MÄNNCHEN ▸ Den Anstoß zu Balz und Liebesspiel gibt das Männchen. Ob es erhört wird, entscheidet allerdings das Weibchen. Grundsätzlich scheint es so zu sein, dass jüngere Hennen ältere und erfahrenere Hähne bevorzugen – vermutlich in der „Annahme", dass so ein Vogel sich bereits im Überlebenskampf bewährt hat. Junge Welli-Männchen dagegen suchen sich gern ein Weibchen, das schon eine Kinderstube – im Falle von Heimvögeln eben einen Nistkasten – besitzt. Auch Pragmatismus gehört zur Sittich-Liebe, die mit dem Werbe-

tanz der Hähne ihren Anfang nimmt. Vor allem junge Weibchen lassen sich dabei mit ihrer Antwort Zeit. Manchmal können ein paar Tage vergehen, bis sie den drängenden Freier auch in Schlaf- und Ruhepausen an ihrer Seite duldet. Die Entscheidung ist aber endgültig gefallen, wenn sie ihm das Kopfgefieder zum Kraulen anbietet und Futter aus seinem Schnabel entgegennimmt.

TRAUTE ZWEISAMKEIT ▸ In dieser Phase der Verpaarung sollten die beiden Vögel nicht durch einen dritten gestört werden. Würde jetzt noch ein Weibchen den gemeinsamen Flugraum teilen, könnte es sogar zu blutigen Kämpfen zwischen den Rivalinnen um das einzige Männchen kommen. Ein weiteres Männchen wiederum würde das einzige Weibchen in ihrer Entscheidung irritieren. Bereits fest verpaarte Wellis dagegen bringen die sich jetzt findenden Vögel nicht aus der Hochzeitsstimmung.

Welli-Niskästen werden im Zoohandel angeboten. Breite Kästen sind besser geeignet als hohe.

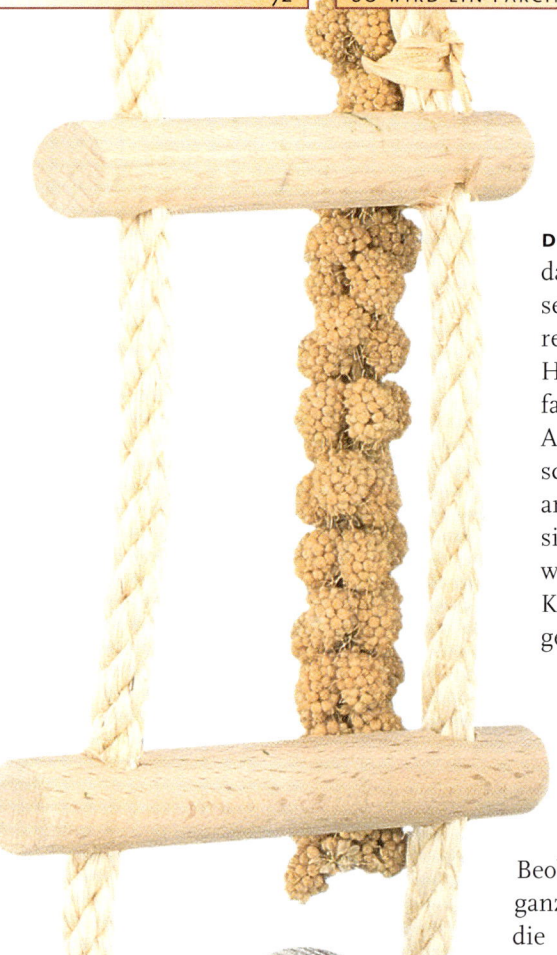

Warten auf den Partner: Bei schüchternen Männchen kann schließlich sogar ein ungeduldiges Weibchen die Initiative ergreifen.

DER LIEBESAKT ▶ Hat das Balzen und Turteln seinen Höhepunkt erreicht, bietet sich die Henne flach geduckt, fast liegend auf einem Ast dem Hahn in typischer Paarungshaltung an. Leicht angewinkelt sind die Flügel, ein wenig abgestellt das Kopfgefieder, die langen Schwanzfedern aber zeigen nach oben: Signal für das Männchen, das Weibchen zu besteigen. Sehr bewegend für den Beobachter: Während der ganzen letzten Aktionen, die zu diesem Höhepunkt führen, blickt die Henne ihren Auserwählten unverwandt an.

Der umschließt dann mit einem oder beiden Flügeln seine Herzensdame und steigt auf. Nach oben drückt dabei die Kloake des Weibchens, nach unten die des Männchens, dessen Samen nun in den Eileiter eindringen kann. Das erfordert beinahe artistische Fähigkeiten, ein Grund, weshalb bei noch unerfahrenen Vögeln die Paarung beim ersten Mal nicht sofort klappt. Zu schwierig ist es für den Hahn in seiner Erregung, den richtigen Sitz auf dem hinteren Rücken der Henne zu finden. Und viel zu tief beugt sie sich manchmal, als dass ihm die sichere Balance möglich wäre.

Doch auch wenn sie sofort erfolgreich war: Die Sittichhochzeit findet mehrmals statt, bevor das Weibchen ihr erstes Ei legt.

▶ Der Brutkasten – Kinderstube für Wellensittich-Küken

Schon gleich nach der Hochzeit sucht das Welli-Weibchen den Nistkasten immer wieder auf: Für die nächsten neun Wochen wird sie die dunkle Höhle später nur zum Kotabsetzen verlassen. Für ihre Ernährung ist der Hahn zuständig.

WUNSCHMODELL ▶ Der Brutkasten ist nun also das wichtigste „Möbel" im Welli-Käfig. Da Weibchen wählerisch sind, sollte er jedem Paar mindestens in doppelter Ausführung angeboten werden. Dann kann sie sich für den einen oder den anderen Kasten entscheiden. Es stört dabei übrigens überhaupt nicht, wenn die Wahl zwischen zwei ganz gleichen Modellen erfolgen muss.

IDEALMASSE ▶ Der Nistkasten sollte 16 bis 20 cm hoch, 17 cm tief und 25 cm lang sein, mit einer Wandstärke von ca. 10 mm. Kästen, die höher als breit sind, sind ungeeignet: Zu groß ist das Risiko, dass die Henne mit einem Tritt ihr Gelege zerstört. Im dickeren Bodenbrett – ca. 40 mm stark – befindet sich eine 2 bis 2,5 cm tiefe Bodenmulde mit einem Durchmesser von 8 bis 10 cm.

Nach oben hin ist der Kasten mit einem Klappdeckel verschlossen. Im oberen Drittel der Vorderfront befindet sich das Einschlupfloch, nicht über, sondern entgegengesetzt der Nistmulde angebracht. Sein Durchmesser beträgt ca. 5 cm. Darunter kann nach außen hin eine Sitz- oder Anflugstange angebracht sein, sie ist aber nicht unbedingt erforderlich. Zumindest der Nistkastenboden sollte aus Hartholz gefertigt sein. Das Weibchen würde ihn sonst zu leicht zernagen. Als Material für die Wände eignet sich am besten unbehandeltes, gewachsenes Fichten- oder Kiefernholz. Es ist atmungsaktiver als Sperrholz, reguliert die Luftfeuchtigkeit und macht dadurch die Einstreu von Hobelspänen oder Sägemehl überflüssig.

Zärtlichkeit und Vertraut-
heit am Spielplatz: Diese
beiden Vögel haben sich
gefunden.

RICHTIG ANBRINGEN ▶ Bei größeren Volieren kann der Nistkasten einfach von
innen ungefähr in menschlicher Augenhöhe angehängt werden. Bei kleineren Käfigen sollte er von außen befestigt sein,
um den geringen Raum im Innern nicht
noch mehr zu schmälern und den Vögeln
auch während Balz und Brut ihre bisher
vertrauten Bewegungsabläufe weiterhin
zu ermöglichen.

Vogelbauer mit einer zweiten Tür sind dafür besonders praktisch. Ist die nicht vorhanden, muss um das Schlupfloch ein
entsprechend großes Segment der Gitter-
wand großzügig herausgeschnitten werden. Die Schnittenden mit einer Feile glätten. Nach dem Auszug der Jungvögel kann
der Kasten entfernt und das Loch im Gitter durch festes, verzinktes Drahtgewebe
(mit Rostschutz) geschlossen werden.
Polstermaterial für die Nistmulde brauchen die Sittiche nicht. Auch in der Natur
putzen und glätten die Hennen lediglich
die Höhle, tragen aber keine Nistunter-

lagen ein. Nur gelegentlich rupfen sich
Weibchen Brustfederchen aus, mit denen
das Nest oberflächlich ausgelegt wird.

▶ Die ersten Eier

Ist die Henne etwa eine Woche nach der
Begattung in diesem Kasten verschwun-
den, beginnt für sie eine schwere Zeit. Im
Abstand von etwa zwei Tagen wird sie jetzt
vier bis sechs Eier legen. Das entspricht
etwa der Gelegegröße in der Natur.

Bei größeren Schauwellensittichen kann
sich die Gelegegröße auf zwei bis fünf
Eier reduzieren, bei vollreifen Weibchen
und überreicher Fütterung der robusteren
„Hansi-Bubis" aber auch bis auf neun
oder zehn Eier anwachsen. Im Interesse
der Tiere sollten ihnen allerdings nur
sechs, maximal sieben Eier zur Brut und
Aufzucht gelassen werden.

Ohnehin bringt schon das Legen für die
kleinen Weibchen riesige Strapazen mit
sich. Jedes ihrer Eier wird unter gewalti-
gen Kraftanstrengungen herausgepresst.

Das Wunder der Geburt: Mit
seinem Eizahn klopft das
Küken eine Sollbruchstelle wie
einen Äquator von innen rund
um das Ei.

So überreichen und empfangen verliebte Wellis Hochzeitsgeschenke: Der Kopf wird dabei sogar um 180° verdreht.

„Atemberaubend" nennt mit Recht Welli-Kenner Birmelin diesen Vorgang: Noch fünf Minuten nach dem Legen hockt die Henne erschöpft mit abgestellten Flügeln da und keucht, während der halb geöffnete Schnabel sich die Luft gierig direkt zu erbeißen scheint.

▶ Brüten – ein einsamer Job für die Welli-Henne

Nun beginnt die Brut. Die meisten Hennen starten damit schon nach dem ersten Ei. Nur vier- bis fünfmal am Tag verlassen sie jetzt den Kasten, um Kot abzusetzen – so oft wie sonst in der Stunde. Zum Fressen nehmen sie sich auf diesen kurzen Ausflügen keine Zeit: Für die Ernährung sorgen jetzt die Männchen. Sie klettern in den Kasten und füttern dort das festsitzende Weibchen mit ausgewürgtem Nahrungsbrei. Diese Fähigkeit zur Versorgung hatte das Weibchen schon während des Vorspiels bei der Balz bei ihrem Partner getestet – jetzt ist es die Lebensversicherung für sie und die Nachkommen.

Nur Im Notfall: Handaufzucht

Wenn Vogeleltern ihre Jungen sehr schlecht oder überhaupt nicht füttern, muss der Mensch eingreifen. Sind die Küken in dieser Situation noch keine 12 Tage alt, wird der Versuch, sie am Leben zu erhalten, vermutlich nicht gelingen. Einzige Möglichkeit zu ihrer Rettung: Die Kleinen einem anderen Weibchen mit Nachwuchs in etwa dem richtigen Alter unterschieben. Wellensittiche sind gute Ammenvögel. Im Alter von mehr als 12 Tagen können die Jungtiere mit einer speziellen Aufbaufuttermischung über eine Futterspritze ernährt werden (beides im Zoofachhandel erhältlich). Sie sollten dann allerdings von den Eltern getrennt werden. Diese Hilfe kann auch bei zu schwach fütternden Altvögeln erforderlich sein. Besteht Anlass, das zu befürchten, kann durch leichtes Drücken auf den Kropf der Nestlinge dessen Zustand ermittelt werden. Ist er leer, sollte zugefüttert werden.

Bei dreien ist immer einer zu viel: Verliebte Welli-Hennen können in dieser Situation eine Rivalin sogar blutig beißen.

Bis auf seine Besuche bleibt das Weibchen allein im Dunkel der Höhle, mindestens 18 Tage lang. Dann schlüpft das erste Junge. Etwa im Abstand von zwei Tagen, entsprechend den Legeintervallen, folgen die nächsten. Bis dahin hat die Henne die Eier gewärmt und immer wieder gewendet: Eier, die zunächst im Zentrum der Nistmulde lagen, wurden an den Rand geschoben – und Eier von außen nach innen befördert. Jedes der Embryos darin erhält dadurch die gleiche Portion Mutterwärme.

DER BRUTFLECK ▶ Über den Zustand und möglicherweise auch über die Vollständigkeit ihres Geleges versichert sich die Henne nach ihren kurzen Entleerungsflügen immer wieder: Möglich macht das eine kleine, nur dünn befiederte Stelle im unteren Brustbereich der Weibchen – der so genannte Brutfleck. Speziell zur Kontrolle der Eier entsteht er während der Brut – eine Partie verdickter und reichlich mit pulsierenden Blutgefäßen versorgter Haut, die im Vergleich zum umgebenden Gefieder fast kahl erscheint. Über hier en-

dende Nerven werden der Reifezustand der Eier, deren Temperatur und möglicherweise auch deren Zahl an das Vogelhirn weitergereicht. Nach der Brut bildet sich dieses „Informationszentrum" dann wieder zurück.

NICHT JEDES EI IST FRUCHTBAR ▶ Erstlingseltern können Fehler machen: Nicht immer gelingt ihnen die perfekte Paarung. Das Ergebnis: unbefruchtete Eier. Sie sollten, ziemlich einstimmige Meinung aller Züchter, möglichst rasch entfernt werden. Doch das ist nicht ganz so einfach.

Zum einen würde eine Menschenhand, die plötzlich von oben in die Bruthöhle nach dem Heiligsten darin greift, das brütende Weibchen verstören – eventuell sogar so sehr, dass sie die ganze weitere Brut verweigert. Zum anderen besteht bei frisch gelegten Eiern die Gefahr, dass durch das raue Hautleistennetz der menschlichen Finger die schützende Wachspelle um das Welli-Ei zerstört wird.

Geschafft: Das erste Küken des Geleges ist gerade geschlüpft.

Erst nach zehn Tagen (nach Meinung anderer Autoren aber auch schon nach einer Woche) kann dieser Zugriff in Abwesenheit der Henne gefahrlos erfolgen. Er dient der Status-Bestimmung des Geleges.

BEFRUCHTET ODER UNBEFRUCHTET? ▶ Befruchtete Eier wirken dunkler, haben einen bläulichen Schimmer und zeigen gegen das Licht einer starken Taschenlampe gehalten bereits erste hellrote Blutbahnen. Unbefruchtete Eier sind im Gegenlicht hell und durchsichtig – Züchter nennen sie deshalb „Klareier". Keinerlei Strukturen sind in ihnen erkennbar.

Sie sollten dann entfernt werden, wenn das Gelege aus mehr als vier Eiern besteht (nach Meinung anderer Züchter nur bei mehr als sechs Eiern). Mehrere taube Eier auf keinen Fall auf einmal aus dem Nest nehmen, sondern nur in Abständen von einigen Tagen. Über ihren Brutfleck würde die Henne sonst die Veränderung sofort bemerken. Möglicherweise hielte sie dann sich und das ganze Gelege für gefährdet und würde die Brut völlig aufgeben. Je unvertrauter Mensch und Vögel miteinander sind, umso größer ist diese Gefahr. Bei untereinander gut bekannten Partnern ist das Risiko einer Nestkontrolle sicherlich geringer.

EINBLICK MIT TRICK ▶ Wer übrigens an Legen, Brüten und später Füttern im dunklen Nest besonders intensiv Anteil nehmen will, kann zu einem Trick greifen. Dabei wird die Rückwand des Nistkastens durch eine Glasscheibe ersetzt, die wiederum durch ein dunkles Tuch gegen Lichteinfall abgeschirmt ist. Bei mildem Kunstlicht in den Abendstunden oder tagsüber während der kurzen Abwesenheiten des Weibchens werden dadurch Einblicke in die Welli-Wiege möglich.

▶ **Küken kommen zur Welt**

Mit etwas Glück können Sie dann eines der ganz großen Wunder erleben, mit denen die kleinen Papageien sich Menschen so sympathisch machen – die Geburtshilfe. Sie ist die Trumpfkarte, die die Vögel, die immer

Ein schon fast flügger Jungvogel testet am Boden die Kraft seiner Schwingen. Bald werden sie das knapp vier Wochen alte Baby tragen können.

an der Grenze zwischen Wüste und Wohlstand ums Überleben pokern, zur Erhaltung der Art aus dem Schatz ihrer Gene hervorzaubern können.

WACHSEN IN GEBORGENHEIT ▶ Nach 18 Tagen mütterlicher Wärme ist im Ei ein Baby herangereift, inzwischen ein nackter Nesthocker – im Gegensatz zu Hühnerküken etwa, die voll befiedert aus ihrer Kalkwiege klettern. Nahrung für eine längere Wachstumsperiode aber lässt sich in den kleinen Lebens-Containern der Sittiche nicht unterbringen. Und erheblich größer können die Eier auch nicht werden – die Sittich-Anatomie erlaubt das nicht. Mütter und Kinder müssen sich also mit dem Status quo abfinden.

Und der ist gar nicht so schlecht. Wie die Eischale die Küken schützt, so bewahrt erst einmal die geschlossene Bruthöhle alle zusammen vor Beutegreifern und Wetterkapriolen – für weitere 30 Tage. Was im Ei nicht mehr reifen konnte, wird nun in der Geborgenheit des Nistraums heranwachsen. Viele Tiere haben im Verlauf ihrer Evolution aus ähnlicher Ursache solche Entwicklungsstadien aus Ei oder Mutterleib nach außen verlegt.

STIMMEN AUS DEM EI ▶ Dabei haben sich Abläufe entwickelt, die sicherstellen, dass zwischen Mutter und Nachwuchs keine Missverständnisse möglich sind. Bei den Wellensittichen beginnt deshalb die Kommunikation schon etwa 48 Stunden vor dem Schlupf der Küken aus dem Ei. Es beginnt mit Pochen, Kratzen und Schaben. Das Baby in seiner Schale benutzt den kleinen Kalkkeil, der hart auf seinem sonst noch weichen Schnabel sitzt, um

So wachsen Wellis heran

1. Woche: Nach dem Schlüpfen wiegen die Küken zwischen zwei und knapp drei Gramm, ihre Augen sind noch geschlossen. Am Ende der Woche bringen sie schon fast zwölf Gramm auf die Waage, ihr Eizahn fällt jetzt ab und die Handschwingen beginnen zu wachsen.

2. Woche: Die Küken öffnen die Augen (9. Tag), können den Kopf aufrecht halten, stolpern umher und werden sitzend und nicht mehr liegend gefüttert. Gewicht: 35 g. Nun wachsen auch die Schwanzfedern.

3. Woche: Die Federn brechen aus ihren Hülsen und zeigen erste Farben. Die Küken laufen jetzt umher und betteln beide Eltern an.

4. bis 5. Woche: Die Küken klettern, erproben die Flügel und verlassen den Nistkasten (etwa 30. Tag).

Wenn alle Dunen sprießen: Acht bis zwölf Tage sind diese Küken alt.

erste Ausbruchversuche zu unternehmen. Die brütende Mutter registriert das.

24 Stunden später meldet der Winzling sich auch akustisch – ein sprechendes Ei. Immanuel Birmelin meint, dass dies Stimmchen dabei die Funktion eines Herolds hat:

TIPP ▶

Die heranwachsenden Küken im Kasten sollten täglich einmal kontrolliert werden – auf ihren Ernährungszustand und ihre Gesundheit hin. Gestorbene Tiere sind sofort zu entfernen. Am besten geschieht das während eines Entleerungsflugs der Mutter.

Es bereitet das Weibchen darauf vor, „dass es eine völlig neue Situation mit seinen Eiern ausbrütet – dass es Mutter wird." Zur eigenen Sicherheit geschieht das: Die von ihrem Brutinstinkt zum erfolgreichen Umgang mit dem Gelege geführte Henne könnte das plötzliche Auftauchen eines nackten, zappelnden Etwas als Bedrohung missdeuten und es ohne seine beruhigenden Bettellaute einfach töten.

DER WEG AUS DEM EI ▶ Und noch etwas geschieht dabei: Indem das Küken sich an seinem letzten Eitag wie eine sehr langsame Kreissäge unter der Schale Millimeter um Millimeter um die eigene Längsachse dreht, perforiert es dabei auch den Kalk. Zahn um Zahn, Hieb

Bei jungen Sittichen wie diesem reicht das Wellenmuster am Kopf noch über die Stirn bis zur Wachshaut.

um Hieb. Eine Schnittspur wird sichtbar. Die Mutter spürt die Bewegungen im Ei und hört die immer lauter werdenden Töne aus dem durchlöcherten Rundling, der jetzt im letzten Stadium des Schlüpfens seine Farbe ändert – vom matten Weiß in ein magisches Bläulich.

Ist alles gut gegangen, dann stemmt sich der Winzling mit Schultern und Füssen, den am stärksten entwickelten Körperteilen, gegen die nun in zwei Hälften zersägte Eischale. Ein Teil löst sich – wie der Deckel einer geknackten Walnuss: Willkommen in der neuen Wirklichkeit. Durch die entstandene Öffnung krabbelt das rosabraune, nackte Sittich-Baby in sein zukünftiges Leben.

Laut und fordernd piepst das Küken: Der Mini hat Hunger – vor allem aber will er gewärmt werden.

▶ Geburtshilfe bei Wellensittichen

Gelegentlich aber kann geschehen, was ohne ein ziemlich einmaliges Verhalten von Wellensittichen etwa ein Drittel ihres Nachwuchses schon bei der Geburt aus dem Ei das Leben kosten würde (ohnehin erreicht in Freiheit nicht einmal die Hälfte das Erwachsenendasein): Manche Küken können den drehenden Hackertrick im Ei nicht anwenden – entweder haben sie sich in den Eihäuten verheddert oder die umgebende Luft ist so trocken, dass die Eihaut verklebt und das Kleine am Ausstieg hindert.

Jetzt geschieht das Wunder: Wellensittich-Mütter, die immer wieder mit der Zunge die Eischale ihrer Schlüpflinge abtasten, greifen dann helfend ein. Das ist in der Vogelwelt ein ziemlich einmaliges Verhalten. Entdeckt und dokumentiert wurde es zu Beginn der 80er-Jahre von Sittich-Kenner Dr. Birmelin.

So beschrieb er es damals: „Das Küken klopft – wahrscheinlich mit letzter Kraft – gegen seine Eischale. Wieder wird das Loch darin ein wenig größer. Jetzt plötzlich packt das Weibchen ihr Ei mit dem Schnabel, beknabbert es an der Bruchstelle, bricht nun – fast ein bisschen pedantisch – Stückchen um Stückchen von der Schale ab, bis die Öffnung so groß ist, dass sich das Küken strecken kann. Es ist gerettet!"

HUNGER ODER HELDENTUM ▶ Die Erklärungen für dies Verhalten sind unterschiedlich. Nach Meinung mancher Züchter hat Mama Welli einfach besonders viel Appetit auf die Eihaut, die sie auch nach dem normalen Schlüpfen ihrer Küken stets verzehrt. Auch Birmelin hält das für ein Motiv, geht aber weiter: Er vermutet, dass Sittich-Mütter nicht nur auf das un-problematische Schlüpfen ihrer Kinder, sondern eben auch auf „Krisensituationen" genetisch programmiert sind: „Herausgebildet hat sich die Schlüpfhilfe bei Wellensittich-Weibchen in ihrer Entwicklungsgeschichte als Antwort auf spezifische Anforderungen ihrer natürlichen Umwelt."

▶ Welli-Kinder wachsen schnell

Wellensittich-Hähne, die bisher nur die werdende Mutter in der Isolation des Nistkastens füttern mussten, bekommen jetzt zusätzlich Arbeit: Auch die Kinder wollen gehudert werden. Zunächst betreibt das die Mutter allein, mehrmals täglich und genauso oft in der Nacht. Per Schnabeldruck legt sie dabei ihr Kleines auf den Rücken und flößt dann in den vertikal nach oben zeigenden Kinderschlund ein besonders nährstoffreiches Sekret aus ihrem Vormagen ein. Nach ein paar Tagen mischt sie dann auch vorverdaute Nahrung aus dem Kropf dazu.

Eine Woche später gibt es nachts nichts mehr zu futtern, und etwa nach der gleichen Zeit können die Babys das schwere Köpfchen schon aufrecht halten. Sie hocken sich auf ihren Bürzel, aus dem schon die ersten Schwanzfedern sprießen, und werden sitzend gefüttert. Nun beteiligt sich auch der Vater am Hudern.

Wellensittich-Babys müssen im ICE-Tempo der Kinderstube entwachsen, um möglichst bald selbstständig für sich sorgen zu können. Nach etwa 40 Tagen können sie das auch. Geschlechtsreif sind sie mit drei bis vier Monaten. Im Alter von gut einem halben Jahr sind sie paarungsbereit. In Australien gehen Wellis dann schon ihre ersten festen Bindungen ein. In Menschenhand sollten Pärchen erst bei einem Mindestalter von einem Jahr zur ersten Brut animiert werden.

Das ist Geschwisterliebe: Im Alter von 20 Tagen beginnen die Küken sich gegenseitig zu füttern und zu wärmen. Schon im Nest üben Wellis ihr soziales Verhalten.

Grüne Wellensittiche werden
bunte Vögel

„Von der unüberschaubaren Farb-
vielfalt der Zuchtwellensittiche ist
in der Natur keine
Spur zu finden.“

Dr. Rainer Niemann, 1999

▶ Show-Stars oder einfach nur nette Vögel?

Irgendwann, am besten nicht zu früh, muss jeder Sittich-Freund, der züchten will, eine Entscheidung treffen: Sollen „seine“ Wellis mit toller Figur und in seltenen Farben schillernd auf Ausstellungen für ihn Preise erringen? Oder will er mit einem kleinen Schwarm zusammenleben, ganz gleich, wie die Vögel aussehen, Hauptsache glücklich?

Das eine muss das andere nicht unbedingt ausschließen, tut es aber dann, wenn züchterischer Ehrgeiz zu Vernachlässigung artgerechter Bedürfnisse führt. Spe-ziell in der Vogelzucht ist die Versuchung dazu sehr groß. Partnerwahl aus Liebe und echter Zuneigung zueinander – bei Wellis die Regel – wird dann durch genetisch geplante Zusammenführung in der Hoffnung auf einen züchterischen Erfolg ersetzt.

Das freie Leben in einer großzügigen Voliere wird zum Arbeitsalltag in engen Zuchtboxen. Die Wellis machen das mit. Ihre Arbeit ist es, sich zu vermehren. Und solange die Grundbedingungen dafür stimmen, leisten sie die auch: Geeignetes Futter, artgerechter Nistkasten, richtige Temperatur und Luftfeuchtigkeit bringen

Die blaue Nasenhaut kennzeichnet den erwachsenen Hahn (l.), eine bräunliche die adulte Henne (r.).

die Krummschnäbel allemal in Brutstimmung. Nur: Was haben die Wellensittiche in Dutzenden von engen Zuchtboxen in einem wohltemperierten und beleuchteten Keller oder Schuppen von ihrem Leben und dem Nachwuchs, der ihnen ohnehin schnell weggenommen, verkauft oder zur Zucht in andere kleine Boxen umgesetzt wird?

PLÄDOYER FÜR DIE VÖGEL ▶ Das ist kein Vorwurf an die Adresse von vielen hochmotivierten Züchtern. Dies ist vielmehr ein Plädoyer dafür, auch Schranken anzuerkennen, die nicht ein Tierschutz-Gesetz, sondern weit in dessen Vorfeld schon eigenes Mitgefühl errichtet.

Nur auf „Erfolg" abonnierte Vogelzucht, deren Stolz es immer noch ist, stets besonders „typtreue" oder „typgerechte" Tiere hervorzubringen, streift oft diese Grenze. Allein das Aussehen zählt, die Farbe, die Gestalt, die in der Natur niemals vorkommenden Federformen. Wellensittich-Zucht, wie sie seit hundert Jahren in aller Welt betrieben wird, hat sich leider nur auf das Äußere ihrer Objekte konzentriert, nie jedoch um deren subjektive Lebensäußerungen und die Pflege des mitgebrachten Charakters bemüht.

NEUE ZIELE FÜR DIE ZUCHT ▶ Auch Zucht nach Verhaltenskriterien kann Differenzierungen innerhalb einer Art hervorbringen. Zum Teil tausendjährige Hunderassen, die allein aus solchen Erwägungen und unter dem Druck von Erfordernissen entstanden, sind lebende Zeugen dafür. Moderne Verhaltensforscher, aber auch immer mehr Züchter weisen nun auch auf die Intelligenz und die nur erahnte und wenig erforschte Sinnenwelt gerade dieser Sittiche hin.

Da wäre es doch interessant, wenn sich die Züchterformeln nicht mehr nur in „XX hellblau mal XY hellgrün = Genmix zu 100 Prozent Hellgrün/Hellblau" erschöpfen würden. (XX steht dabei für

Geschlechtsbestimmung – nicht immer einfach

1 Grundsätzlich gilt: Das Geschlecht erwachsener Wellensittiche lässt sich an der Nasenhaut erkennen. Bei Hähnen ist sie bläulich, bei Hennen beige bis hellbraun. Allerdings gilt das nicht für alle inzwischen gezüchteten Farbschläge. Lutinos und Albinos zum Beispiel zeigen bei beiden Geschlechtern ähnlich gefärbte Nasenhäute, bei den Männchen allerdings mehr rosa, bei den Weibchen mehr weiß. Bei Hähnen mit blauer Wachshaut über der Nase intensiviert sich diese Färbung in Balzstimmung, sie kann dagegen im Alter sehr verblassen oder sogar in Braun umfärben. Bei Hennen in Brutstimmung wird die beige bis bräunliche Wachshaut dunkler. Weiterer Unterschied: Wellensittich-Hennen besitzen einen kräftiger ausgebildeten Schnabel.

2 Bei ganz jungen Wellensittichen ist die Geschlechtsbestimmung nicht so einfach. Beim Kauf ist daran zu denken. Die Nasenhaut über dem meist noch dunklen Schnabel ist in der Regel weißlich, ins Graue oder Blaue spielend. Bei Hähnen erscheint sie rötlich-lila. Erst mit zunehmender Reife, endgültiger Farbgebung und Gefiederzeichnung lässt sich das Geschlecht wieder mit größerer Sicherheit bestimmen.

Männchen, XY für die Weibchen.) Denkbar ist dann auch eine neue Vererbungslehre, etwa „Schlau mal Schlau = Superschlau", egal ob in Grün, Blau oder opalinem Dunkelgrau. Vorwärts in der Domestikation und zurück in die Natur der Wellensittiche würde ein solcher Versuch ganz sicher führen. Dass gezielte Auslese nach Verhalten auch bei Vögeln möglich ist, belegen in engem und nicht unbedingt nur sympathischem Rahmen Brieftauben- und Kampfhahn-Zucht.

Fünf Welli-Babys aus einem Gelege: Die Nestgeschwister können ganz unterschiedlich gefärbt sein.

▶ So wurden grüne Wellis bunt

Grelle, helle Farben und auffallende Muster können sich die freien Wellensittiche in Australien genauso wenig leisten wie die kreischenden Töne in der Voliere: Sie würden damit nur die Aufmerksamkeit von Beutegreifern auf sich ziehen. Dennoch: Die ganze Buntheit unserer heimischen Wellis haben die Tiere aus ihrer Heimat in ihren Genen mit-

Wirklich bunte Vögel, die hier thronen: Diese 23 Wellis zeigen nur einen kleinen Ausschnitt aus der Farben- und Musterviel-falt ihrer Art. Rund 800 Varian-ten gibt es inzwischen.

gebracht. Paarweise sitzen diese bei allen Lebewesen als Träger der Erbinformationen auf fa-denförmigen Chromosomen im Kern der Körperzellen. Alle diese Erbinforma-tionen zusammen werden Genom ge-nannt. Das Genom bestimmt Aussehen und weitgehend auch das Verhalten des je-weiligen Organismus, ganz gleich ob Pflanze oder Tier.

Das Erstaunliche nun, erstmals von dem Augustiner-Abt Gregor Mendel (1822 bis 1884) erkannt und in drei Regeln gefasst: Durch gezielte Kombination bestimmter genetischer Merkmale lassen sich in der Abfolge von mehreren Generationen erwünschte Eigenschaften herauszüchten, unerwünschte eliminieren. Damit das in

der Welli-Zucht zur Buntheit führen konn-te, musste allerdings noch eine Eigen-schaft der Gene entdeckt werden: ihre Nei-gung zu gelegentlich spontaner Verände-rung – man nennt dies Mutation.

▶ Farbenspiele

Die grünen Wellensittiche Australiens sind von der Einlagerung der Farbstoffe in ihren Federn her eigentlich gelbe Vögel. Dem menschlichen Auge aber erscheinen sie als grün. Der Grund: Eine zweite Einla-gerung filtert aus dem Gesamtspektrum des einfallenden Lichts alle weiteren Farb-töne bis auf Blau. Dem menschlichen Auge aber mischen sich nun die Farben Gelb und Blau zu Grün.

risch in eine so genannte Grün- und in eine Blaureihe. Da können reinweiße Albinos entstehen, wenn in der Blaureihe das Melanin fehlt. Ist es in der Grünreihe nicht vorhanden, heißen die dann hellgelben Tiere Lutinos – in Freiheit ein auffälliger Hingucker und das Todesurteil. Bei beiden haben die Männchen statt der geschlechtskennzeichnenden blauen eine rosa Nasenhaut, und bei beiden scheinen die sonst dunklen Augen rötlich zu sein: Die Adern im Augenhintergrund werden nicht von der schwärzlichen Abart des Melanin, dem Eumelanin, geschützt. Rot schimmert dann das Blut durch.

NEUE FARBEN, NEUE MUSTER ▸ Neben dem Neuanstrich in vielen bunten Farben, allein davon gibt es knapp 100 Varianten, haben Wellis auch Veränderungen ihrer klassischen Musterung hinnehmen müssen: Wellen- und Federzeichnung, die sechs schwarzen Kehltupfen, die dunkelblauen Wangenflecke verschwanden, verfärbten sich oder veränderten Lage und Form. Selbst die Federn sind nicht die gleichen geblieben.

Inzwischen werden Haubenwellensittiche gezüchtet, in vorgeschriebenen Formen wie Halb-, Rund- und Spitzhaube. Wie kleine Beatles sehen die Tiere aus, um 1940 wurden diese Mutationen erstmals in England und in Kanada bekannt.

30 Jahre später erbrüteten australische Züchter Spangles, Vögel mit reingelber oder weißer Gesichtsmaske. Aufgehellte Wellensittiche gibt es genauso wie Opaline, Zimter, Zimtopaline und Schecken. Dazu noch die Lacewings: zart pastellfarben und mit einer Geisterzeichnung statt des klaren Musters in ihrem Gefieder.

Gelegentlich kommen sogar so genannte „Halbseiter" vor. Das sind

Wird nun, vereinfacht dargelegt, durch ein mutierendes Gen die ursprüngliche Verteilung von Melanin und Psittacin, den beiden Farbpigmenten im Welli-Gefieder, verändert, wandelt sich dessen Erscheinungsbild. So entstehen zum Beispiel blaue oder gelbe Vögel, weil das jeweilige Komplementärpigment gar nicht oder in zu geringem Maße vorhanden ist.

Im Überlebenskampf in Australien konnten sich diese Mutationen nicht durchsetzen. Erst als sie sich in den 50er-Jahren des 19. Jahrhunderts auch in Menschenhand zeigten, ließen sich die grünen Vögel in immer mehr Farbschlägen züchten. An die 800 Varianten sind daraus entstanden. Sie alle gehen allein auf die inzwischen genau bekannten Veränderungen im Grün- und Blaugehalt der Federn zurück.

GRÜN- UND BLAUREIHE ▸ Welches ihrer Pigmente die Veränderungen gezeigt hat, unterscheidet die bunten Sittiche züchte-

Noch keine zwei Monate sind die Jungen alt, doch schon zeigen sie, wenn auch in matteren Tönen, die Gefiederfarben der erwachsenen Vögel.

So unterscheiden sich die wichtigsten Farbschläge

Stammform: Naturfarben grüne Vögel mit gelber Gesichtsmaske und schwarz-gelber Wellenzeichnung auf Hinterkopf, Flügeln und oberem Rücken.

Normal gezeichnete Wellis: Das schwarze Wellenmuster entspricht dem der Stammform, gelbe Gesichtsmaske (Grünreihe) oder weiße (Blaureihe), 9 Gefiederfarben: von Hellgrün bis Violett, Blau und Grau.

Aufgehellte Wellis: Dazu gehören die Gelben (Grünreihe), die Weißen (Blaureihe) und die Grauflügel (aus beiden Reihen), Wellenmuster nur verdünnt als Geisterzeichnung sichtbar, Gesichtsmasken gelb oder weiß, Gesichtstupfen durch die Wangenflecke teilweise verdeckt.

Hellflügel: Je nach Abstammung aus Blau- oder Grünreihe rein weiße oder gelbe Flügelfarbe, Wangenflecke tief violett, Wellenzeichnung farblich verdünnt.

Inos: Dazu gehören Albinos (weiße Tiere aus der Blaureihe) und Lutinos (gelbe Tiere aus der Grünreihe).

Zimter: Braune Wellenzeichnung statt der ursprünglich schwarzen, dunkelbraune statt schwarzer Augen.

Opaline: Nacken und Rücken ohne Zeichnung, schwarze Zeichnung auf den Flügeln, Körper in allen möglichen Grundfarben durchgefärbt, Schwingen Ton in Ton breit gesäumt.

Zimtopaline: Kombination der Mutationen Zimt und Opalin.

Lacewings (Spitzenflügel): Gelbe und weiße Tiere, die Musterung erscheint als feine Geisterzeichnung.

Schecken: Gibt es in den Schlägen „rezessiv" und „australisch", auffallende Tupfen.

Spangle: Auffallende Federmusterung, wie glitzernde, wolkige Einsprengsel.

bedauernswerte Tiere, bei denen die eine Körperhälfte zum Beispiel grün, die andere aber blau gefärbt ist. Ihre Gene hatten wohl die hartnäckige Mendelei nicht bis zum Schluss mitmachen wollen.

Halbseiter gelten nur als „Modifikationen" und nicht als Mutationen. Der Unterschied: Mutationen vererben sich, Modifikationen aber bleiben einmalige Ausrutscher in einer Baureihe. Liebhaber finden sie dennoch. Denn auch sie werden im Gegensatz zu den unscheinbaren Australiern als besonders „edle" Vögel betrachtet. Mit kaum verhohlener Ironie schreibt dazu die Vogel-Expertin Anette Wolter: „Damit alle ihre angezüchteten, edlen Erscheinungsmerkmale auf einer Ausstellung gut zur Geltung kommen, werden die Vögel teilweise zuvor mit dem Rasierpinsel gewaschen und eigens frisiert." Zum Trost: „Dies ist allerdings nur bei hellen Farbschlägen erforderlich."

▶ Zucht ist Wissenschaft

Die von unendlich vielen Regeln beherrschte Ausstellungs- und Zuchtszene der Standard- und Farbwellensittich-Brüter lässt sich im Rahmen dieses Buchs nur im allgemeinen Überblick darstellen. Tatsächlich ist sie nicht so kauzig und herzlos, wie sie deshalb erscheinen mag. Viel Wissen und Erfahrung gehören zu einer erfolgreichen Zucht und gute Kenntnis der genetischen Abläufe.

WERTVOLLE REGELN ▶ Einige der hierfür grundlegenden Regeln sind auch für denjenigen wertvoll, der seine Vögel allein aus Liebhaberei und ohne jede Siegeshoffnungen brüten lässt. Der Wormser Züchter Wolfgang Ulfricht empfiehlt:

▶ Keine Paare aus nahe verwandten Tieren zusammenstellen: Inzucht ist zwar ein wichtiges Instrument der Leistungszucht, aber in der Anwendung heikel.

▶ Jährlich nur ein bestimmtes Merkmal der Tiere verbessern wollen: Das Zuchtziel, gute Vögel zu erhalten, ist sehr ungenau. Sinnvoller ist es, nur eine bestimmte Richtung ins Auge zu fassen.

▶ Niemals Vögel mit denselben Fehlern miteinander verpaaren: Die könnten sich genetisch potenzieren.

▶ Keine grobfedrigen Vögel miteinander paaren: Stets Tieren mit grobem, etwas struppigem Gefieder einen Partner mit feiner Federstruktur zugesellen.

▶ Und noch eine Regel sollte dazugehören: Ein Paar niemals öfter als zweimal im Jahr brüten lassen. Lieber die Partner nach der letzten Brut trennen oder dann den Nistkasten entfernen. Das Weibchen kann sonst an Erschöpfung sterben.

> **TIPP**
>
> *Wenn flügge Küken das Nest verlassen, sollten sie sich nicht länger als weitere zehn bis zwölf Tage in der Nähe des Vaters aufhalten. So lange wird er sie in aller Regel noch füttern und, falls notwendig, verteidigen. Danach sollten der Hahn und die Altbrut getrennt werden. Falls seine Henne jetzt erneut brütet, kann es vorkommen, dass der Hahn den eben noch umsorgten Nachwuchs angreift.*

Von Kennern begehrt, für Laien schwer zu unterscheiden: Wellis in verschiedenen Farbschlägen.

Flügel an Flügel – das Leben im Schwarm

▶ Geheimnisvolle Rückkehr

Jahrelang waren sie da unten nicht mehr gelandet: Zu braun, zu grau, zu dürr bot sich ihnen die Steppe rings um die bewaldeten Klippen dar, und nur sein Kieselbett erinnerte an den Bach, der dort einst floss. Nun murmelt er wieder – und mit ihm die Wellensittiche, die nach dem Regen plötzlich wieder in den alten Uferbäumen nisten. Wie sie vom Neubeginn des Lebens hier erfahren und punktgenau den Weg in die Oase finden, ist Wissenschaftlern noch immer ein Rätsel. Jetzt bleiben sie – vorerst, aber in großer Zahl. Wie eine zart gewebte, grüne Wolke waren sie herangerauscht. Tausende von Vögeln, die, Schwinge an Schwinge, mit verwegenen Flugmanövern Muster an den Himmel malten. Rasch hatte sich der Schwarm zerlegt in kleine Scharen, die von der alten Heimat ihrer Vorfahren wieder Besitz ergreifen: Keiner dieser Sittiche war selbst schon hier gewesen, dennoch scheinen sie alle mit der neuen Welt vertraut zu sein.

▶ Sicherheit im Schwarm

Höchstens hundert, meist nur drei oder vier Dutzend Vögel leben nun in engster Nachbarschaft ihren Alltag, der nur Gemeinsamkeiten kennt. Zusammen flattern sie zum Wasser, baden und trinken. Gemeinsam ziehen sie in die Ebene zur Futtersuche. Eng beieinander baumen sie nachts auf hohen Ästen unter Laub verborgen zum Schlafen auf. Stets scheint ein einzelner Vogel zum Handeln der Gruppe das Signal zu geben, doch jedes Mal ist das ein anderer: Leitkultur mit einem Führer, der bestimmt, ist dieser sozialen Gemeinschaft unbekannt. Wie lange sie hier bleiben werden, entscheidet auch kein Vordermann und nicht einmal die Schar selbst. Nur Regen, Wachstum und Nahrungsangebot bestimmen, ob die Wellensittiche auf dieser Station ihrer Lebensreise eine, zwei oder sogar drei Bruten aufziehen. Verschlechtern sich die Umweltbedingungen, ist die gegenwärtige Brut die letzte. Nur so lange werden sie noch bleiben, bis auch die letzten Jungvögel flügge geworden sind. Und mehr als das – im Kurzlehrgang trainierte Fernreisende.

► Eine neue Heimat lockt

Jetzt steigt die Schar nicht mehr allein zum Fressen oder Trinken auf: Als hätte eine Vorahnung von Reisefieber ihn gepackt, beginnt der Trupp mit probeweisen, stundenlangen Übungsflügen. Bald stoßen Sittich-Gruppen aus der Nachbarschaft dazu. Dann ist es so weit – erst eine und dann alle Scharen verlassen in faszinierendem Formationsflug das zu karg gewordene Land: Hunderte oder Tausende Kilometer entfernt von hier wird sich die wendige Wolke dann über einer neuen Heimat wieder senken.

So bleiben
Wellensittiche gesund

„Hagel und Blitz, Regen und Sturm.
Hagel und Blitz, Regen und Sturm.
Schenke uns Regen, oh Donner,
denn uns dürstet
nach Wasser.
Schenke uns Regen,
oh Donner"

Bullai Bullai, die beiden
Sittichschwestern in einem
der uralten Traumzeit-
Mythen der australischen
Aborigenes

▶ Die Menge macht das Überleben möglich

Dass Wellensittiche als Art bis heute Bestand haben, verdanken sie einer der Basisstrategien der Natur: Erfolg durch große Zahlen. Meeresschildkröten und Lachse leben danach, Lemminge, Mäuse oder Maikäfer. Menschen und Menschenaffen, Elefanten, Bären oder Wale halten sich an eine andere Regel: Zur Arterhaltung investieren sie viel Aufwand in jeden einzelnen ihrer Nachkommen.

So viel Luxus können sich die Sittiche in der von ihnen gewählten Lebensnische nicht leisten. Während andere Tiere aufpassen, dass bei ihnen Verluste erst gar nicht auftreten, ersetzen Wellis sie durch die schiere Zahl. Und sie sind seit Jahrmillionen gut damit gefahren. Zumal sie, solange es eben noch geht, auch besonders fürsorgliche Eltern sind.

LEBENSERWARTUNG ▶ Zwischen 10 und 14 Jahre alt können die kleinen Australier werden. Dr. Immanuel Birmelin berichtet von einem Vogel aus seiner Voliere, der erst nach 26 Sommern ins ewige Sittich-Nirwana entflog. Und aus England kommt die Kunde von einem 29jährigen Welli-Methusalem.

Bei richtiger Haltung (Ernährung, Pflege, Flugmöglichkeit, Temperatur und Luftfeuchtigkeit) sind in Menschenhand solche scheinbaren Wunder möglich. Wellis in Freiheit erreichen dagegen nur selten die Hälfte der ihnen biologisch möglichen Lebenserwartung. Nicht, weil sie zu Krankheiten neigen, sondern weil ihre

▶ So sieht ein gesunder Wellensittich aus

- Dicht liegt das Gefieder am Körper, matt glänzen die Farben und Muster. Alle Federn sind sauber, nicht verklebt oder verschmutzt.

- Lebhaft bewegt sich das Tier, frisst, putzt sich und hält Kontakt zu seinen Artgenossen.

- Das Horn des Schnabels hat eine glänzende Oberfläche, aus den Nasenlöchern tritt kein Sekret aus. Klar leuchten die Augen, auch sie ohne wässrige Spuren einer Entzündung.

- Stolz wölbt sich die Brust, der Brustbeinkamm ist nicht zu sehen. An jedem Fuß weisen zwei Zehen nach vorn und zwei nach hinten.

Der Welli-Schnabel ist ein Multifunktionswerkzeug.

Umwelt hohe Verlustraten fordert – verhungert, verdurstet, vom Blitz erschlagen, von Räubern gefressen, von Steppenfeuern erstickt oder vom Sturm in die Flammen getrieben: Sittich-Leben enden in der Natur eher in Katastrophen als durch Krankheit.

▶ Vorsorgeprogramm in den Genen

In menschlicher Obhut hat sich diese Reihenfolge der Bedrohung geändert. Die Tiere reagieren empfindlich auf Haltungsfehler. Mangelnde Hygiene ist einer der größten – eine Belastung, die in der Natur allein schon durch Standortwechsel und Gefiederpflege ausgeglichen werden kann. Dabei zeigt sich deutlich die Doppelfunktion, die sich hinter diesem typischen Verhalten verbirgt.

Sie dient zum einen der Festigung sozialer Bindung, hat aber andererseits auch eine tatsächlich reinigende Aufgabe. Um dieses Verhalten mit Sicherheit hervorzurufen, haben die Wellis dafür einen Mechanismus entwickelt. Der Zoologe Irenäus Eibl-Eibesfeldt berichtet darüber: Wellensittich-Halter wissen, „dass verpaarte Sittiche einander mit Hingabe das Hals- und Kopfgefieder kraulen, wobei sie Feder um Feder zart durch den Schnabel ziehen. Das abweichend gefärbte Federfeld der Wange zieht dabei die besondere Aufmerksamkeit auf sich, und es wird als Auslöser dem Partner bei der Aufforderung zur sozialen Gefiederpflege richtig angeboten. Berührt der Partner das Feld mit dem Schnabel, sträuben sich die Federn." Ein wunderschönes Beispiel für die Optimierung von Verhaltensweisen, die im Verlauf ihrer Artentwicklung bei den Wellis entstanden ist.

HYGIENE IST VORBEUGUNG ▶ Gegen grobe Hygieneverstöße in Käfig und Voliere aber hilft dies Programm nur wenig. Genauso wenig wie das ebenso entwickelte Immunsystem auf Leiden eingestellt ist,

Gesunde Wellis bei ihrer Lieblingsbeschäftigung: Knabberspiele im Bekanntenkreis.

Klare Augen und glattes
Schnabelhorn – das Porträt
eines gesunden Wellensittichs.

die Wellensittiche in der Natur niemals kennen lernen. Oder auf Parasiten, tierische und pflanzliche, die in Australien nicht vorkommen. Darauf reagieren die Vögel empfindlich – so sind es meist „Zivilisationskrankheiten", auf die sie nicht vorbereitet sind und an denen sie leiden oder gar sterben.

▶ Eine Diagnose fällt nicht leicht

Auch als Haustier zeigt der Wellensittich wie fast alle Wildtiere, besonders aber Vögel, Krankheitssymptome meist erst im fortgeschrittenen Stadium. Dahinter scheint genetisch verankertes Wissen zu stehen: Ein sichtbar krankes Tier wird sehr rasch zur Beute oder aus seinem sozialen Verbund ausgestoßen. Für den Wellensittich-Pfleger bedeutet das, seine Tiere

besonders genau zu beobachten, um auf jede Verhaltensänderung reagieren zu können. Dazu kann das Ausbleiben sonst gewohnter Aktivitäten gehören, die Vernachlässigung eines Lieblingsspielzeugs oder ein vermehrtes Zurückziehen an einen geschützten Ort.

Keine Beruhigung ist es dabei, dass ein so auffällig gewordener Sittich noch frisst. Wellensittiche nehmen in den Anfangsstadien vieler Krankheiten noch Nahrung auf. Langsam erst kommt ein Leiden dann zu seinem Ausbruch. Die Diagnose ist schwierig, deshalb sollte auch ein augenscheinlich nur leicht erkrankter Vogel schnell dem Tierarzt vorgeführt werden. Wichtig ist es dabei, sich nicht erst im Ernstfall nach einem Facharzt für Vogelkrankheiten umzuhören, sondern schon vorher dessen Adresse einzuholen. Sinnvoll ist es auch – besonders bei Haltung mehrerer Tiere –, für den Ernstfall einen speziellen Krankenkäfig bereit zu halten, in dem der Vogel bei gleichmäßiger Temperatur, etwa 30 °C, unter einer Infrarot-Dunkelstrahllampe isoliert gehalten werden kann. Für den Gang zum Tierarzt empfiehlt sich der Besitz eines kleinen Transportkäfigs, der sich in eine mit Luftlöchern versehene Transportbox (Karton oder Holz) einpassen lässt.

INFORMATIONEN FÜR DEN TIERARZT ▶

Für die Untersuchung des Sittichs braucht der Tierarzt die Unterstützung des Besitzers, um vielleicht schon aus der Vorgeschichte, der Anamnese, wichtige Hinweise auf die richtige Diagnose zu filtern. Dazu gehören folgende Angaben, die besonders gewissenhafte Besitzer für jeden einzelnen ihrer Vögel auf einer Karteikarte bereit halten:

▶ Alter und Geschlecht.
▶ Herkunft (Züchter oder Handel).
▶ Haltungsdauer.
▶ Haltungsbedingungen: Einzelvogel oder mehrere Tiere, Käfig oder Voliere, Kontakte mit anderen Tieren, Beleuchtung, Luftfeuchtigkeit, Temperatur.

▶ Ernährung: Grundfuttermischung, Zusatzfutter, Veränderungen bei beidem, andere Nahrungsmittel und Leckerbissen, Obst etc.

▶ Flüssigkeit: Zusätze im Wasser, Herkunft des Wassers.

▶ Symptome: erster Eindruck einer Erkrankung, deren Erscheinungsform, weitere Verhaltensauffälligkeiten, Dauer, frühere Erkrankungen und deren Behandlung.

▶ Behandlung im akuten Fall: eigene Bemühungen, anderer Tierarzt.

▶ Möglichkeiten einer Vergiftung z.B. durch Zierpflanzen, besonders: Avocado, Clematis, Oleander, Philodendron und Rhododendron; Desinfektions- und Reinigungsmittel.

▶ Wichtig außerdem: Dem Tierarzt eine Probe vom Kot des Patienten und gegebenenfalls Erbrochenem mitbringen.

UNTERSUCHUNGSMETHODEN ▶

Diese Anfangsinformationen, eine erste Untersuchung des kranken Vogels selbst und die Beobachtung der jetzigen Krankheitssymptome reichen zunächst aus. Sie ermöglichen es nun dem Arzt, notwendig werdende weitere klinische Untersuchungen vorzunehmen.

Die können, je nach Ausstattung, Ausbildungsstand und Spezialisierung des jeweiligen Arztes, fast das gesamte Spektrum der Humanmedizin umfassen. Blutbilderstellung, Röntgenaufnahmen, Organ- und Körperhöhlenspiegelung gehören genauso dazu wie die chemo-klinischen Tests, Abstriche, Knochenmarkspunktionen, chirurgische Eingriffe oder die Entnahme

---

Wenn Wellis älter werden

☐ Ältere Wellis fressen weniger als junge Vögel.

☐ Ihr Ruhe- und Schlafbedürfnis nimmt zu.

☐ Das Interesse an Balz und Brut lässt nach (Weibchen, die älter als acht Jahre sind, sollten überhaupt nicht mehr brüten).

☐ Ältere Vögel fliegen weniger, klettern dafür aber mehr.

☐ Die blaue Nasenwachshaut bei Männchen verblasst, bei den Weibchen verfärbt sich die braune Wachshaut ins Hellgraue.

☐ Ältere Vögel trinken häufiger und schlafen jetzt auch liegend auf dem Boden oder mit den Zehen beider Beine um den Ast geklammert (jüngere Tiere schlafen auf einem Bein).

Ein Vogel, der kein Interesse mehr an seinem Lieblingsspielzeug zeigt, könnte krank sein.

Gymnastik bei der Gefiederpflege:
den Kopf an der Bürzeldrüse reiben.

von Karzinom- und Tumorproben. Das ist eigentlich erstaunlich. Die Erklärung: Bei diesem Spitzenangebot profitieren die (billigen) Wellensittiche von den Erfahrungen und dem Fachwissen, das die Veterinärmedizin bei der Therapie ihrer Verwandten, den (extrem teuren) Großpapageien, und bei der Behandlung von Hühnern und anderem Wirtschaftsgeflügel gewann.

▶ ### Vorbeugen ist immer noch besser als Heilen

Heilung mancher, doch leider nicht aller Erkrankungen ist also bei rechtzeitiger Erkennung möglich. Klüger allerdings ist es, die eigentlich robusten Vögel erst gar nicht solchen Gefahren auszusetzen, die sich mit etwas Vorausschau vermeiden lassen. Ernährung, Hygiene und die Vermeidung von großen Temperaturschwankungen oder gar Zugluft gehören dazu.

KÖRPER UND SEELE ▶ Durchfall oder Verstopfung, Infektionen und Erkältungen sind die häufigsten Leiden, an denen Wellensittiche in Menschenhand siechen. Allein schon durch die richtigen Haltungsbedingungen lässt sich das Risiko dafür wesentlich verringern.

Dazu kommt noch der bei allen Papageien ganz wichtige Psycho-Faktor: Diese sozial gesinnten Krummschnäbel brauchen Ansprache, Zuneigung, ein Gefühl der Sicherheit, Ausflüge und das Vertrauen in die Gefahrlosigkeit ihrer erreichbaren Umwelt. Haben sie all das nicht, können auch Stress und Hektik, Lieblosigkeit oder Gleichgültigkeit zu Krankheit und Leiden führen.

Menschen, die sich mit diesen Tieren beschäftigen, müssen tatsächlich nur ihre eigenen Bedürfnisse in die Vogelwelt übersetzen. Und ein paar spezifische der kleinen Papageien dazu kennen lernen, dann ist für deren Gesundheitsvorsorge eigentlich schon ausreichend gesorgt.

SO BLEIBEN WELLIS GESUND ▶

▶ Wellensittiche brauchen immer mindestens einen Partner, noch wohler fühlen sie sich aber in einem kleinen Schwarm.

▶ Wellensittiche brauchen Bewegung, in der Wohnung mindestens ein paar Stunden Freiflug am Tag.

▶ Wellensittiche brauchen Vitamine und eine abwechslungsreiche Ernährung, mindestens zweimal pro Woche frisches Obst und Grünzeug.

▶ Wellensittiche brauchen Sonne für den Kalzium-Stoffwechsel und die Vitamin-D-Produktion, mindestens einmal pro Woche ein ausgiebiges Sonnenbad, im Winter oder bei dunkler Stubenhaltung einen geeigneten Naturlichtersatz, der etwa zwölf Stunden lang leuchten sollte.

▶ Wellensittiche brauchen Hygiene und Sauberkeit, mindestens einmal pro Woche sollten deshalb Käfig und Voliere gründlich gereinigt werden.

▶ Wellensittiche verabscheuen feuchte Kälte – sie kann sie umbringen. Auch bei Volierenhaltung im Freien sollte ihnen ein zugluftfreies Schutzhaus zur Verfügung stehen. Mindesttemperatur: 10 °C.

▶ Wellensittiche müssen beobachtet werden, um bei Krankheitsanzeichen sofort den Tierarzt aufsuchen zu können.

▶ Symptome rechtzeitig erkennen

Über allgemeine Verhaltenshinweisen hinaus (Kasten Seite 94) gibt es deutliche Anzeichen dafür, dass ein Vogel sich mit einer beginnenden Krankheit auseinander setzt. Eines der deutlichsten ist der Zustand von Gefieder und Kot. Dessen Zusammensetzung (und Menge) hängt zunächst von der aufgenommenen Nahrung ab. War sie eher eiweißarm, wird der Kot besonders trocken sein. Proteinreiche Ernährung resultiert in feuchteren Aus-

scheidungen. Weil die ursprünglich aus heißem Klima stammenden Wellis mit ihrem Flüssigkeitshaushalt sehr sparsam umgehen müssen, ist ein auslaufender Kotfleck bereits ein erster Hinweis auf eine mögliche Erkrankung. Das kann eine Funktionsstörung der Niere sein, die beim gesunden Vogel keinen flüssigen Urin

Zwei Zehen nach vorn, zwei nach hinten: Wellis haben beim Sitzen – auch kopfüber – einen sicheren Griff.

Kleiner Vogel mit großer Beere – Vitamine helfen bei der Gesundheitsvorsorge.

Gegenseitige Gefiederpflege ist
Gesundheitsvorsorge für Leib und Seele.

Signale für den Gang zum Arzt: Krankheitssymptome

☐ Der Vogel wirkt apathisch und schläft viele Stunden.

☐ Aufgeplustert sitzt er auf der Stange und zeigt wenig Interesse an Umwelt, Artgenossen oder Menschen. Das Gefieder wirkt matt und struppig.

☐ Er wippt mit dem Schwanz, lässt die Flügel halb offen hängen oder spreizt sie und putzt sich kaum.

☐ Er frisst weniger (oder mehr) als normal, trinkt aber mehr und würgt Schleim aus dem Kropf.

☐ Er gibt rasselnde, piepsende Atemgeräusche von sich, schnappt nach Luft, hängt sich mit dem Schnabel ins Gitter, um die Luftröhre zu strecken.

☐ Der Hinterleib erscheint angeschwollen, seine Verdauung scheint verzögert, der Kot ist dünnflüssig, schaumig, blutig oder anders verfärbt oder riecht unangenehm.

☐ Die Augen sind geschwollen, entzündet oder tränen, die Lider sind schleimig verkrustet, die Nase läuft.

☐ Äußere Verletzungen sind erkennbar, der Vogel hält Extremitäten oder den Kopf in unnatürlich gewinkelter Haltung. Er taumelt, zittert oder zeigt Krämpfe.

abgibt, sondern hellweiße Harnstoffkristalle produziert, die den Verdauungsrückständen beigemischt werden. Wässriger Kot, also Durchfall, ist immer ein ernstes Warnsignal.

WARNSIGNALE ▸ Ändert sich die Konsistenz des Kots nicht nach einem halben Tag, besteht die Gefahr, dass der Vogel dehydriert – er trocknet aus. Dagegen kann zunächst Tierkohle (aus dem Fachhandel) helfen, schwacher Kamillentee und gekochter, ungewürzter Reis als einziges Futter. Bewirkt das nichts: unbedingt den Tierarzt aufsuchen.

Auch Konsistenz und Farbe der Ausscheidungen geben Hinweise: Enthalten sie unverdaute Samenkörner, deutet das auf Funktionsstörungen des Muskelmagens hin. Grüngelber Durchfall signalisiert möglicherweise eine Infektionskrankheit. Bestehen die Ausscheidungen aus aufgeblähten Bällchen, kann eine Leber- oder Bauchspeicheldrüsen-Erkrankung die Ursache sein. Sind sie tiefgrün gefärbt, ist möglicherweise Blut im Stuhl, eine Funktionsstörung der Gallenblase oder der Befall mit Innen-Parasiten die Ursache. Starker Geruch des Kots deutet dagegen auf eine beginnende Geschwulstbildung

hin. Sind die Ausscheidungen klumpig, kann eine gestörte Verdauung, aber auch eine Infektion die Ursache sein.

Noch weitaus vieldeutiger sind Veränderungen im Gefieder. Statt zu glänzen, wirkt es beim kranken Vogel matt, weniger farbig und ungepflegt – Hinweis auf eine fast unüberschaubare Palette von Leiden. Auch deshalb muss dieser Zustand nach spätestens 24 Stunden vom Tierarzt behandelt werden.

Andere direkte Hinweise auf eine Erkrankung sind rasselnder Atem, dauerndes oder wiederholtes Niesen, offensichtlicher Juckreiz, der zu blutigen Bissen ins Federkleid führt, und schaumiges Erbrechen von Nahrung, das nicht dem Zweck der Fütterung eines Partners dient.

RECHTZEITIG HANDELN ▶ Alle diese Anzeichen deuten auf eine ernsthafte Erkrankung hin, gegen die nicht mehr der Pfleger mit der Hausapotheke, sondern nur noch der Tierarzt ankämpfen kann – und manchmal nicht einmal mehr der. Was der Laie lernen muss: Signale, die ein durch Krankheit gestörter Welli-Organismus sendet, können für eine Vielzahl von

Gefiederpflege in der Gruppe: Meist gibt einer den Anstoß zum gemeinsamen Tun.

Kein Grund zur Sorge: Dieser Vogel ist nicht krank, sondern nur etwas verärgert.

Das gehört in die Hausapotheke

Nur sehr erfahrene Welli-Besitzer sollten ihr Tier selbst behandeln und dafür die bei diesen Tieren schwierige Diagnose stellen. Eine Notfall-Apotheke für Wellensittiche muss deshalb auch nicht sehr umfangreich sein. Hinein gehören:

- Infrarot-Krankenkäfig, zumindest ein Infrarot-Dunkelstrahler

- Aktiv- oder Tierkohle in feiner Granulierung

- Tee-Mischungen: Schwarztee, Kamillentee
  Nur stark verdünnt verwenden!

- Verbandsmaterial: Watte, elastische Binden, Wattestäbchen, Tupfer

- Medikamente: Augentropfen, Nasenspray, Desinfektionsmittel, Anti-Durchfall-Medizin, Vitaminpräparate, blutstillende Mittel, Pflegepräparate für Schnabel und Füße
  (nach Anweisung des Tierarztes in der Apotheke kaufen)

- Handmörser zur Zerkleinerung von verschriebenen Medikamenten

- Pinzette, Krallen- und Schnabelschere, Pipette zum Einträufeln von Flüssigkeit und in Wasser aufgelösten Medikamenten

Ursachen stehen. Er muss die Anzeichen erkennen und die einzige Konsequenz ziehen: zum Tierarzt gehen. Nur der kann die Symptome richtig deuten und Krankheiten erkennen – und heilen.

▶ Ernste Erkrankungen

Neben kleineren Unpässlichkeiten, die sich oft durch Änderung der Haltungsbedingungen oder des Futters wieder beseitigen lassen, gibt es eine Reihe wirklich ernst zu nehmender Krankheiten, die – wenn überhaupt – nur vom Spezialisten behandelt werden können. Die folgende Übersicht dient zur Orientierung und verzichtet auf Behandlungshinweise.

PSITTAKOSE ▶ Am gefürchtetsten ist die *Psittakose* (auch *Chlamydiose* oder *Ornithose* genannt). Sie wird durch den in tierischen Zellen schmarotzenden Bazillus *Chlamydia psittaci* verursacht und kann als eine Zoonose auch auf Menschen übertragen werden. Die Infektion erfolgt bei Menschen über die Atemwege, bei Vögeln genauso oder beim Schnäbeln und Füttern von Jungtieren oder des Partners. Drei bis 30 Tage dauert die Inkubationszeit dieser anzeigepflichtigen Seuche, die, latent vorhanden, vor allem bei Stress durch Transport, Neuzugänge und Überbesetzung ausbrechen kann. Sie äußert sich mit vielen verschiedenen Symptomen: Störungen des Atemapparats, Lähmungen, Krampfanfällen, Durchfall und allgemeiner Apathie. Ohne Behandlung führt sie zum Tode. Weil Therapien möglich sind, müssen seit 1975 die befallenen Bestände in Deutschland nicht mehr laut Gesetz getötet werden.

NEWCASTLE-DESEASE ▶ Genauso bedrohlich ist die *Newcastle-Desease* (wird auch *Paramyxovirus-1-und-5-Infektion* genannt), eine Virenerkrankung. Sie wird über den Atmungs- und Verdauungstrakt verbreitet und führt zu Krämpfen, Lähmungen und Durchfall. Gefährdet sind besonders Jung-

tiere, aber auch ältere Vögel. Befallene Tiere sterben meist nach etwa acht Tagen. Wirksame Therapien gegen diese wahrscheinlich aus Südostasien eingeschleppte Seuche, die ganze Zuchten vernichten kann, sind nicht bekannt. Genau wie die Psittakose ist auch die Newcastle-Krankheit anzeigepflichtig. Die bei ihrem Auftreten notwendig werdenden Quarantänemaßnahmen ordnet der Amtstierarzt an.

Gesunde Ernährung, Beschäftigung und Abwechslung: eine Apfelscheibe am Vogelbaum.

VOGELTUBERKULOSE ▶ Auch *Vogeltuberkulose* (die *Mykobakteriose*) gefährdet Wellensittiche, wie übrigens auch alle anderen Vogelarten. Erreger sind zwei Bakterien, das *Mykobakterium avium* und das *Mykobakterium intracellulare*. Übertragen wird die Krankheit hauptsächlich über den Verdauungstrakt. Typische Signale sind Abmagerung, Durchfall, Atemnot und Flugunfähigkeit. Eine Therapie ist nicht bekannt, die Überlebenschancen befallener Tiere sind gering.

NESTLINGSKRANKHEIT ▶ Nur Jungtiere werden von der *Nestlingskrankheit* (dem *Budgerigar-Fledgling-Syndrom, BFD*), einer Virusinfektion, befallen. Auslöser sind *Papova-* und *Polyoma-Viren*. Erkrankte Tiere zeigen geschwollene Bäuche, schwärzliche Hautverfärbungen, verzögertes oder deformiertes Wachstum der Deck- und Konturfedern. Die Sterblichkeitsrate beträgt 25 bis 100 Prozent. Ein Impfstoff gegen die Krankheit existiert noch nicht. Zur Vorbeugung werden Desinfektionen und Zuchtunterbrechung empfohlen.

Kolbenhirse: als Dauerfutter zu nährstoffreich, für Vögel, die sich von einer Krankheit erholen, aber gut geeignet.

Leicht geöffnete Flügel können Krankheit signalisieren – bei diesem Vogel dienen sie aber der Balance beim Klettern.

FRANZÖSISCHE MAUSER ▶ Eine möglicherweise von den gleichen Viren ausgelöste Erkrankung, nur mit milderem Verlauf, ist die *Französische Mauser (*auch *Hopser-* oder *Renner-Krankheit* genannt). Betroffene Jungvögel verlieren dabei alle oder einige Schwungfedern an Flügeln und Schwanz, können deshalb nicht mehr fliegen, sondern „rennen" oder „hopsen" herum. Nach der ersten Mauser wachsen die fehlenden Federn nicht oder nur deformiert nach. Als Therapie empfehlen Tierärzte eiweißreiche Ernährung und auf jeden Fall einen Zuchtstopp mit den betroffenen Vögeln und deren Eltern.

WEITERE VIREN UND BAKTERIEN ▶ Zu weiteren bekannten Viren- und Bakterienerkrankungen, mit denen sich Wellensittiche krankhaft auseinander setzen können, gehören unter anderem *Pocken* (geringe Heilungschancen), *Herpesinfektionen*, *Salmonellose* und *Megabakteriose* (alle vom Tierarzt behandelbar).

PILZINFEKTIONEN ▶ Andere Krankheitsgefahren für die Sittiche gehen von Hefen und anderen Pilzen aus. Schwierig zu heilen ist dabei vor allem die *Candidiosis* (auch *Soor* genannt), eine Hefepilzerkrankung, meist durch schlechte Hygiene und Mangelernährung hervorgerufen. Abmagerung, Erbrechen, Schleimansammlung in der Schnabelhöhle und Kropfentzündungen sind die Symptome. Therapien sind möglich.

Ebenfalls von Pilzen (*Aspergillus fumigatus*) wird die *Aspergillose* hervorgerufen, eine Erkrankung der Luftwege, erkennbar an rasselnden Atemgeräuschen, Apathie und Abmagerung. Therapien sind möglich, Erfolge dabei hängen vom Allgemeinzustand des betroffenen Tieres ab.

PARASITEN ▶ Bedroht sind Wellensittiche auch durch Parasiten: Federlinge, Federspulmilben, Rote Vogelmilben und Räudemilben. Diese *Ektoparasiten* nisten im Gefieder, in der Schnabelwachshaut und

Mit Schnabel und Krallen sind Wellis sehr geschickt: Sie dienen als Kletterhilfe, zum Lösen von Bastgeflecht und Festhalten von Spielzeug.

in Körperöffnungen. Bei guten hygienischen Verhältnissen sind sie therapierbar. Schwieriger, langwieriger und weniger erfolgreich ist die Behandlung von Erkrankungen, die *Endoparasiten*, sich in Darm und Atmungstrakt einnistende Schmarotzer, hervorrufen. Besonders *Spul-* und *Haarwürmer*, *Luftsackmilben* und *Geißeltierchen* sind hier als Verursacher zu nennen. Bekämpfen lassen sie sich alle am besten durch konsequente Hygiene, Quarantänemaßnahmen, unterstützt durch eine tierärztliche Therapie.

WEITERE ERKRANKUNGEN ▶ Sehr undifferenziert können dagegen andere Krankheiten sein, die die kleinen Vögel befallen. Häufig sind deren erkennbare Symptome nur Signale für eine andere Erkrankung. *Bindehautentzündungen* gehören dazu, ebenso *Durchfall* und *Erkältungen*. Treten solche scheinbar leichten Leiden chronisch auf, sollte der betroffene Vogel stets dem Tierarzt vorgeführt werden.

▶ **Was sonst noch alles passieren kann**

▶ Wellensittiche sind – wie die meisten Vögel – besonders anfällig gegen Stress. Bei ungewohnten Situationen – zum Beispiel bei dem besonders von jungen Tieren und hochgezüchteten Schausittichen als bedrohlich empfundenen Einfangen – kann es zu Schockmauser und plötzlichem Herztod kommen. Vögel deshalb niemals jagen oder ins Fangnetz hetzen. Auch Angst, die Wellis empfinden, die sich in Ritzen eines Schranks, Heizkörpers oder dunklen Ecken verfangen, kann bei den sensiblen Tieren zum Tode führen.

▶ Heiße Herdplatten, brennende Kerzen oder Feuer im Kamin werden von den Wellis zunächst nicht als Gefahrenquellen erkannt. Solche Risiken deshalb von vornherein vermeiden, während die Tiere Freiflug in der Wohnung haben.

So wird ein Sittich gehalten, der untersucht oder behandelt werden muss: Das Tier liegt im Handteller auf dem Rücken, Daumen und Zeigefinger fixieren bei Bedarf den Kopf.

kann aber auch durch Stoffwechselstörungen, Vitaminmangel, Futterumstellung oder Haltungsfehler (z. B. zu trockene Luft) ausgelöst werden. Auch Unfälle, die *Knochenbrüche* oder eine *Gehirnerschütterung* zur Folge haben, lassen sich durch Umsicht verhindern. Selten sind sie nicht, und meist werden sie durch einen panischen Flug gegen Fensterscheiben oder Einrichtungsgegenstände beim Freiflug in der Wohnung verursacht.

Haltungs- und Ernährungsfehler sind auch für weitere Krankheiten in erster Linie verantwortlich zu machen: *Fettleibigkeit* und *Gicht* gehören dazu, aber auch die Bildung von vielen *Tumoren* und *Karzinomen*, zu denen allerdings besonders männliche Wellensittiche im Alter zwischen drei und fünf Jahren neigen. Sie werden neben organischen Ursachen eben auch durch unausgewogene Ernährung hervorgerufen.

HALTUNGSFEHLER ▸ Neben Erkrankungen mit organischen Ursachen, durch Infektionen oder Parasitenbefall entwickeln Wellis auch noch Leiden, die zum Teil auf Haltungsfehlern beruhen oder durch Unfälle verursacht werden. *Rupfen* zum Beispiel, die Verstümmelung des eigenen oder des Gefieders der Nestlinge, ist dafür typisch. Dies Fehlverhalten hat meist psychische Gründe (vor allem Einzelhaltung),

▸ **Gesundheit in der Zucht**

Vor allem Hobbyzüchter, die mit einem Welli-Pärchen begannen und nach Jahren schon die zehnte oder zwanzigste Folgegeneration in ihrer Voliere betreuen, kommen in die Gefahr, Krankheit durch

Ein Reservekäfig sollte zur Isolierung eines erkrankten Tieres immer zur Verfügung stehen.

Lebensrettend: Deshalb sollten Wellis zahm sein

Jede Untersuchung eines Vogels oder die Hilfeleistung in einer Notsituation bedeutet einen Zugriff, den diese Tiere als Bedrohung empfinden. Eine fremde, den Sittich seiner Freiheit beraubende Hand verursacht Stress, der zu Angstattacken führen kann. Je vertrauter ein Vogel mit diesem ihm fremden, obwohl fürsorglichen Verhalten seines Besitzers ist, desto leichter lässt er sich einfangen, untersuchen und behandeln. Tatsächlich kann Zahmheit dann sein Leben retten.

Wellis sind nach dem Eischlupf nur auf die genetische Verhaltensausstattung aus ihrer australischen Heimat angewiesen. Trotz der anderthalb Jahrhunderte in Menschenhand haben sie keine ererbten Erfahrungen aus dieser Zeit. Jeder Jungsittich muss also individuell seine Umwelt und das Verhalten darin kennen lernen. Je zutraulicher die Tiere deshalb mit ihren Pflegern umgehen, umso leichter können sie auch ihnen ungewohnte Prozeduren über sich ergehen lassen. Im Krankheitsfall erweist sich dann diese „Zähmung" als lebensrettend.

Inzucht in ihrem Schwarm zu vererben. Da kann es zu Hüftgelenk-Veränderungen kommen. Die Vögelchen halten sich dann nicht mehr auf den Beinen, sondern liegen nur noch zappelnd auf der Brust. Auch andere Deformationen sind vererbbar, Augenkrankheiten zum Beispiel oder mit bestimmten Leiden genetisch gekoppelte Umfärbungen, die voreilig zu einer erwünschten Variante erklärt werden. Gefährdet sind dabei nicht nur albinotische Formen. Häufig ist auch eine von Generation zu Generation immer mehr zunehmende Sterilität die Folge von Inzucht. Eine dafür geradezu klassische Situation erlebte im November 2000 der englische Königshof.

DIE WELLIS DER QUEEN ▶ Noch als Prinzessin Elizabeth hatte die englische Königin in den 30er-Jahren ihr erstes Wellensittich-Pärchen erhalten. Ein dreiviertel Jahrhundert später brüten noch immer deren Nachfahren, Enkel und Urenkel dieses einzigen Vogelpaars in einer Voliere im Garten von Schloss Windsor. Neunzig Vögel tummeln sich inzwischen dort, meist sogar im Freiflug, aber stets betreut von Graham Stone, seit Zuchtbeginn immerhin schon der dritte „Royal Budgerigar Keeper". Vor 15 Jahren kam der einstige Gärtner in sein schönes Amt.

Jetzt hat er Sorgen: Seine Pflegebefohlenen tun nicht mehr, was sie immer taten – sich vermehren. Zu alt seien sie, Sexmuffel noch dazu, und außerdem habe sich das Geschlechterverhältnis in der bunten Vogelwolke äußerst ungünstig verschoben. Etwa vier Männchen kämen auf jedes Weibchen. Ursache ist wohl die fast 70jährige Inzucht unter den königlichen Wellensittichen.

Also sucht Mister Stone jetzt nach frischem Blut. Sein Problem dabei: Er hofft, neue lustige Weiber für Windsor zu finden, die das können, was auch die alten Welli-Damen jetzt dort tun: tagsüber frei herumfliegen und nachts züchtig in die Voliere schlüpfen. „Liberty"-Vögel nennt er diese ungewöhnlichen Wellis, eine Art, von der auch Fachleute bisher nur gerüchteweise gehört haben.

Nur noch der Herzog von Bedford soll sie besitzen. Er könnte der königlichen Kusine aushelfen – damit die Dynastie in der Voliere von Windsor besser lebt als die im Schloss: glücklich und zufrieden.

So geht es Wellensittichen gut: in der Gruppe mit mehreren Artgenossen, zum Entdecken animiert durch immer wieder neue Spielgeräte.

Adressen   Zentralverband Zoologischer
Fachbetriebe (ZZV)
Rheinstr. 35
D-63225 Langen

ZZF Ringstelle und Suchdienst
Postfach 1420
D-63204 Langen

Deutsche Standard-Wellensittich-
Züchter-Vereinigung (DSV)
Maybachstr. 20
D-46049 Oberhausen

Deutsche Wellensittich-Vereinigung
(DWV) in der AZ e.V.
Postfach 1168
D-71501 Backnang
(Mitglieder erhalten die AZ-Nachrichten)

Vereinigung Ziergeflügel und
Exotenzüchter e.V.
Spreeaue 14
D-03130 Spremberg/Lausitz

Österreichischer
Wellensittichzüchterverband
Am Damm 34
A-2000 Stockerau

Zum Weiterlesen

Bücher   *Arzt, Volker und Immanuel Birmelin:* Haben Tiere ein Bewusstsein? München 1993.

Baumgartner, Ruth und Ewald Isenbügel: Wellensittiche. in: Krankheiten der Heimtiere. Hannover 1998.

Benecke, Norbert: Der Mensch und seine Haustiere. Stuttgart 1994.

Birmelin, Immanuel: Die Kunst auf die Welt zu kommen. in: GEO, September 1985.

Birmelin, Immanuel: Was denken Tiere? – Intelligenztest für Wellensittiche. in: GEO, Mai 1996.

Brehm, Alfred Edmund: Illustriertes Thierleben. Hildburghausen 1864.

Eibl-Eibesfeld, Irenäus und Christa Sütterlin: Im Banne der Angst. München 1992.

Größle, Bernhard: Gesellige Wellensittiche. Stuttgart 1995.

Herre, Wolfgang und Manfred Röhrs: Haustiere – zoologisch gesehen. Stuttgart 1973.

Immelmann, Klaus: Die Vogelwelt Australiens. Stuttgart 1970.

Lorenz, Konrad: Hier bin ich – wo bist du? München 1991.

Niemann, Rainer: Meine Wellensittiche. Stuttgart 1999.

Portmann, Adolf: Vom Wunder des Vogellebens. München 1984.

Robiller, Franz: Lexikon der Vogelhaltung. Hannover 1986.

Schoen, Dr. Allen M. und Pam Proctor: Mit Tieren fühlen. Stuttgart 1998.

Schöne, Richard und Peter Arnold: Australische Sittiche. Jena 1985.

Solisti, Kate und Michael Tobias (Hrsg.): Ich spürte die Seele der Tiere. Stuttgart 1997.

*Sonnenschmidt, Rosin*a: Heilende Hände für Tiere. Stuttgart, 1999.

Tellington-Jones, Linda und Sybil Taylor: Der neue Weg im Umgang mit Tieren. Stuttgart 1993.

Unfricht, Wolfgang: Wissenswertes für den Neuling in der Farbwellensittichzucht. in: AVW, Oktober 2000.

Vins, Theo: Dinge, die ein Anfänger in der WS-Zucht beachten sollte. in: AZ e.V. Nachrichten, November 2000.

Vins, Theo: Wellensittiche. Stuttgart 1993.

Wolter, Annette: Wellensittiche richtig pflegen und verstehen. München 1989.

Zeitschriften

Das Tier. Ehapa, Stuttgart.
Die Gefiederte Welt. Ulmer, Stuttgart.
Die Voliere. Verlag M. u. H. Schaper, Alfeld.
Ein Herz für Tiere. Gong-Verlag, Nürnberg.
WP-Magazin – Die Zeitschrift für Vogelhalter. Arndt-Verlag, Bretten.

Internet

Es gibt über 600 Internetseiten rund um das Thema Wellensittich. Über die gängigen Suchmaschinen werden Sie darauf stoßen. Hier einige besonders empfehlenswerte:

die-wellensittich-page.de
haustier-net.de/vogel
sittich.de
sittichfreund.de
sittichseite.de
tierärzteverband.de/tierrat
vogelsuchdienst.de
wellensittich-web.de

Autor und Verlag bedanken sich bei der Firma Kölle Zoo, Stuttgart, für die großzügige Unterstützung der Fotoproduktion mit Vögeln und Zubehör.

S. 5:
   aus dem Buch „Aus der Küche um 1900"
   von Eva Stille und Peter Beitlich,
   Kochbuchverlag Heimeran, München 1978

S. 7, 25, 50/51, 68, 68/69, 86, 87:
   G. Hofmann und C. Mettke-Hofmann

S. 76, 82, 85:
   Juniors Bildarchiv

S. 20, 28, 71, 73, 75, 77, 79, 81, 83:
   Franz Pfeffer

S. 6/7, 13, 24/25, 56, 57, 69:
   Reinhard Tierfoto

S. 47, 96:
   Ralf Roppelt (Sahara Werbeagentur) / Kosmos

S. 41, 66, 100:
   Annerose Schatter / Kosmos

S. 6, 24, 50, 51, 86/87:
   Silvestris Fotoservice

Alle weiteren 149 Fotos wurden eigens für dieses Buch
von Christof Salata / Kosmos aufgenommen.

Illustrationen von Marianne Golte-Bechtle (S. 81).

Umschlaggestaltung von eStudio Calamar,
unter Verwendung von sechs Farbaufnahmen von Christof Salata / Kosmos.

Mit 185 Farbfotos und zwei Farbillustrationen.

Die Deutsche Bibliothek – CIP-Einheitsaufnahme
Ein Titelsatz für dieses Publikation ist bei der Deutschen Bibliothek erhältlich.

© 2001, Franckh-Kosmos
Verlags-GmbH & Co., Stuttgart
Alle Rechte vorbehalten
ISBN 3-440-07647-4
Redaktion: Claudia Sträb
Gestaltungskonzept: eStudio Calamar
Gestaltung: Guido Schlaich, München
Satz: Atelier Krohmer, Dettingen/Erms
Produktion: Kirsten Raue, Martina
Gronau
Printed in Spain/Imprimé en Espagne
Gesamtherstellung: Egedsa, Sabadell

Informationen senden wir Ihnen gerne zu

Bücher · Kalender · Experimentierkästen · Kinder- und Erwachsenenspiele

Natur · Garten · Essen & Trinken · Astronomie
Hunde & Heimtiere · Pferde & Reiten · Tauchen · Angeln & Jagd
Golf · Eisenbahn & Nutzfahrzeuge · Kinderbücher

KOSMOS Postfach 10 60 11
D-70049 Stuttgart
TELEFON +49 (0)711-2191-0
FAX +49 (0)711-2191-422
WEB www.kosmos.de
E-MAIL info@kosmos.de

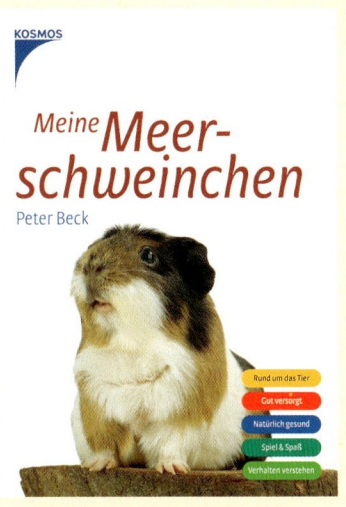